Die Sicherungsübereignung nach geltendem Recht

von

Dr. Bernhard Hamelbeck
Landgerichtsrat in Bonn

1929
Verlag von Georg Stilke, Berlin NW 7

Schettlerdruck Köthen-Anhalt

Inhaltsübersicht

I. Einleitung

Die Sicherungsübereignung bezweckt die pfandartige Sicherung einer Forderung, gewöhnlich einer Darlehnsforderung, oder einer Kaufpreisforderung.

A. Sie unterscheidet sich von der Verpfändung dadurch, daß das Eigentum übergeht und dadurch, daß der unmittelbare Besitz beim Schuldner bleiben kann. Sie ist ein Vertrag, durch den der Treugeber dem Treunehmer das Treugut unter Beschränkung des Verfügungsrechts (aber unter Verschaffung unbeschränkter Verfügungsmacht) übereignet.

B. **Gegenstand der vorliegenden Bearbeitung** ist nur die Sicherungsübereignung beweglicher Sachen.

Sicherungsübereignung ist jede Übereignung zur Sicherung einer Forderung, die nach Erlöschen der Forderung wegfallen soll[1]). Wie jede Übereignung kann auch die Sicherungsübereignung unter Verzicht auf den Herausgabeanspruch (BGB § 929 Satz 2), unter Übergabe der Sache (BGB § 929 Satz 1), Vereinbarung eines Besitzmittlungsverhältnisses (BGB § 930) oder Abtretung des Herausgabeanspruchs (BGB § 931) erfolgen. Die Sicherungsübereignung mit Verzicht auf den Herausgabeanspruch, Übergabe der Sache oder Abtretung des Herausgabeanspruchs lohnt nicht der ausführlichen Behandlung. Ich behandle daher nur die Sicherungsübereignung, bei der die Parteien bei Übereignung ein Besitzmittlungsverhältnis schaffen, der Treunehmer also bei Übereignung nicht unmittelbarer Besitzer ist, und es auch bei Vertragsschluß noch nicht wird, sondern im Besitz von der Sache weiter entfernt bleibt als der Treugeber.

Die Arbeit geht grundsätzlich davon aus, daß der Treugeber bei Übereignung unmittelbarer Besitzer des Treuguts ist und bleibt, behandelt aber soweit erforderlich auch den Fall, daß das

---

[1]) Kommentar von Reichsgerichtsräten, § 930 Anm. 6.

Treugut sich im unmittelbaren Besitz eines Dritten befindet, über dem der Treugeber erststufigen mittelbaren Besitz oder doch nähern Besitz als der Treunehmer hat.

C. Die **rechtliche Möglichkeit** solcher fiduziarischen Eigentumsübertragung, bei der eine Übergabe nicht erfolgen soll, unterliegt für die Praxis des reichsdeutschen Rechts heute trotz erheblicher Bedenken der Wissenschaft[2]) keinem Zweifel mehr[3]). Sie folgt daraus, daß grundsätzlich schuldrechtlich Vertragsfreiheit besteht, und bewegliche Sachen unter Lebenden ohne Übergabe übereignet werden können; denn daraus folgt, daß man grundsätzlich bewegliche Sachen auf Grund beliebiger Abrede übereignen kann. Bedenken wurden erhoben, weil das Gesetz das besitzlose Fahrnispfand ausschließt. Trotzdem hat sich die Praxis für die Zulässigkeit der Sicherungsübereignung entschlossen. Sie ist weder aus dem Gesetz, noch gegen das Gesetz, sondern außerhalb des Gesetzes entwickelt[4]).

In Deutschösterreich ist die Sicherungsübereignung ohne Besitzübergabe unmöglich, weil man sie dort für Umgehung des Verbots des besitzlosen Pfandrecht hält. Die hier nicht behandelte Sicherungsübereignung mit Besitzübertragung ist daher auch dort möglich[5]).

Auch der reichsdeutsche Gesetzgeber hat die Sicherungsübereignung anerkannt durch § 22 des Gesetzes betr. die Ermöglichung der Kapitalkreditbeschaffung für landwirtschaftliche Pächter vom 9. Juli 1926, wonach Rechte auf Grund einer vor dem Inkrafttreten dieses Gesetzes erfolgten Sicherungsübereignung durch § 4 Abs. 1 des Gesetzes nicht berührt werden, wenn sie innerhalb bestimmter Frist bei dem zuständigen Amtsgericht angemeldet werden.

---

[2]) Vgl. die Nachweise bei Hoeniger, JW 1927 S. 717.

[3]) RG Bd. 57 S. 177; Bd. 59 S. 146; Bd. 122 S. 332; Kommentar von Reichsgerichtsräten, Anm. 6 zu § 930 und Vorbem. 5b vor § 765; Rozumek, Das Kreditgeschäft im Bankbetrieb, 6. Auflage, S. 262.

[4]) Weinhausen, Sicherungsübereignung S. 47.

[5]) Hoeniger, JW 1927 S. 2410.

II. Tatbestand der Sicherungsübereignung

A. Bewegliche Sachen jeder Art, Menge und Herkunft können **Gegenstand der Sicherungsübereignung sein,** weil jede bewegliche Sache der Übereignung zugänglich ist.

1. Bestimmte **Eigenschaften** der Sache sind also nicht Voraussetzung der Sicherungsübereignung. Indes werden in erster Linie solche Sachen sicherheitshalber übereignet, die dem Gebrauch des Treugebers dienen sollen (z. B. Teile der Geschäftseinrichtung oder der Wohnungseinrichtung), weil die gesicherte Forderung meist in der nächsten Zeit nach der Sicherungsübereignung noch nicht getilgt wird, der Treunehmer bis zur Tilgung seiner Forderung gesichert bleiben will, gewöhnlich aber nur Gebrauchsgut, nicht auch Verbrauchsgut, solange im Besitz des Treugebers bleibt.

a. Aber auch Sachen, die bestimmungsgemäß **dem Verbrauch** dienen, können sicherheitshalber übereignet werden, weil es vorkommt, daß der auf Erlangung von Sicherheit in denkbar weitestem Umfang bedachte Treunehmer auf keine der beim Treugeber vorhandenen Sachen völlig verzichten will[6]).

Man könnte vielleicht zweifeln, ob nicht die Bestimmung zum Verbrauch dem Zweck der Sicherungsübereignung widerspricht. Aber schon weil die Sachen bis zu ihrem bestimmungsgemäßen Untergang Sicherheit bieten, und der Treunehmer die Sachen unter Umständen vor ihrem Untergang verwerten kann, ist die Erreichung des Zwecks der Sicherungsübereignung auch hier denkbar.

Auch Sachen, die deshalb als verbrauchbar gelten, weil sie zu einem Sachinbegriff gehören, dessen bestimmungsgemäßer Gebrauch in der Veräußerung der einzelnen Sachen besteht (BGB § 92 Abs. 2), können aus demselben Grunde sicherheitshalber übereignet werden.

b. Unentbehrlichkeit der Sache hindert die Sicherungsübereignung nicht.

Der Treugeber kann unpfändbare Sachen, auch seine unentbehrlichen Kleidungsstücke und die für den eigenen Verzehr be-

---

[6]) Für Haushaltsvorräte RG 5. 12. 05 Bd. 62 S. 129.

stimmten Nahrungs- und Genußmittel[7]) sicherheitshalber übereignen. Das folgt daraus, daß man sie auch verpfänden und übereignen kann und auch infolgedessen nicht ersichtlich ist, warum es unmöglich sein sollte, sie unter Vereinbarung eines Besitzmittlungsverhältnisses zu übereignen.

Vielleicht führt aber die soziale Ausgestaltung unseres Rechts schon bald dazu, daß wir die Übereignung einer unpfändbaren Sache nur als wirksam betrachten, wenn der Veräußernde sich nach der Veräußerung nicht im Besitz der Sache befindet, wenn er sie also mit Übergabe (BGB § 929 Satz 1), Verzicht auf den Herausgabeanspruch (BGB § 929 Satz 2) oder Abtretung des Herausgabeanspruchs (BGB § 931) übereignet, nicht aber, wenn er sie unter Beibehaltung des unmittelbaren Besitzes durch Schaffung eines Herausgabeanspruchs (§ 930 BGB) veräußert. An der wirklichen Weggabe kann man niemand hindern. Das Gesetz kann aber die Entstehung einer Verpflichtung dazu (auch einer dinglichen Verpflichtung) hindern.

Erst recht ist Unentbehrlichkeit für die Fortführung des Geschäftsbetriebs kein Umstand, der die Sicherungsübereignung ausschließt[8]).

c. Voraussetzung der Sicherungsübereignung ist aber **Verwertbarkeit** des Treuguts; denn durch die Übereignung unverwertbarer Sachen kann der Sicherungszweck nicht erreicht werden. Die Verwertung erfolgt gewöhnlich durch Verkauf. Eine Sache kann daher auch dann sicherheitshalber übereignet werden, wenn der Treunehmer sie für seinen Erwerbsbetrieb und für seine Person nicht brauchen kann[9]).

2. Man kann auch einen **Sachteil** übereignen. Nur einen wesentlichen Bestandteil kann man ohne die Hauptsache nicht übereignen. Bei der Übereignung von Maschinen muß man deshalb prüfen, ob sie nicht wesentlicher Bestandteil des Grundstücks sind[10]).

---

[7]) RG Bd. 62 S. 128.
[8]) RG JW 1904—355—4.
[9]) RG Bd. 62 S. 128.
[10]) Jacusiel, Die Sicherungsübereignung S. 7.
[11]) RG 16. 2. 12 Warneyer 5 Nr. 213; 9. 3. 26 Bd. 113 S. 57 = JW 1926 S. 2681.
[12]) Hoeniger, Sicherungsübereignung S. 26; Staub-Koenige, § 366 Anm. 12.
[13]) Jacusiel, Sicherungsübereignung S. 8.

3. Treugut **kann auch eine Sachmehrheit** sein, z. B. ein Warenlager[11]).

a. **Gegenstand der Übereignung ist** bei einer Mehrheit (einem Inbegriff) von Sachen natürlich nicht die Sachgesamtheit, sondern die Summe der Sachen[12]). Wird ein Inbegriff von Sachen übereignet, so ist die Übereignung wirksam, wenn anzunehmen ist, daß alle zu diesem Inbegriff gehörigen Sachen übereignet sein sollen[13]).

b. Voraussetzung der Übereignung ist **die Bestimmtheit** jeder einzelnen zu übereignenden Sache[14]).

aa. Die sicherste und deshalb ratsamste Art der Sicherstellung besteht in der Kennzeichnung der Sachen selbst, z. B. im Anheften von Zetteln an die Sachen.

bb. Zuverlässig ist auch die **Aufzählung** der Sachen im Vertrag oder einer Anlage dazu. Dabei ist es zweckmäßig, deren körperliche Eigenschaften oder aufgemalte Erkennungszeichen so deutlich zu bezeichnen, daß jedermann jederzeit feststellen kann, ob eine ihm gezeigte Sache unter den Vertrag fällt oder nicht. So empfiehlt sich bei Faßwein die Aufzählung der Faßnummern.

Es genügt aber jede Bezeichnung, aus der sich ergibt, welche Sachen gemeint sind, auch wenn zur Erkenntnis die verschiedenartigsten Erkenntnismittel herangezogen werden müssen.

cc. Zur Bestimmtheit genügt eine **Sammelbezeichnung**, wenn sie die übereigneten und nur die übereigneten Sachen umfaßt. „Das Warenlager[15]), „der Warenvorrat", „das Geschäftsinventar", „die Wohnungseinrichtung", können übereignet werden, wenn ein Zweifel darüber, welche Sachen damit gemeint sind, nicht möglich ist[16]).

Eine genauere Bezeichnung ist aber sehr zweckmäßig, schon weil sie den Beweis erleichtert und erfahrungsgemäß bei nicht ernstlichen Verträgen oft die genaue Bezeichnung der übereigneten Sache fehlt. Die Ernstlichkeit kann verneint werden, wenn bei Übereignung eines Warenlagers nicht einmal die einzelnen

---

[14]) Sättler, JW 1927 S. 2453.
[15]) RG Seuffert Arch. 71—445.
[16]) Abw. Weinhausen S. 75.

Sachen bezeichnet werden[17]). Das Oberlandesgericht Karlsruhe hat die Übereignung von „Baumaterialien, Vorräten, Gerüstholz, Maurergeräten, Maschinen, Küchen-, Arbeitszimmer- und Büroeinrichtung" ohne Bezeichnung der einzelnen Gegenstände mangels der erforderlichen Bestimmtheit des Gegenstandes für unwirksam erklärt[18]). Sättler hält die Bezeichnung „Warenvorräte und Geschäftseinrichtung" nur für ausreichend, wenn sich aus den Geschäftsbüchern ersehen läßt, was übereignet ist; „das Privateigentum" hält er für eine nicht hinreichend bestimmte Bezeichnung[19]). Diese Meinungen sind nur richtig, wenn im Einzelfall eine Verwechslung mit nicht übereigneten Sachen möglich war.

Unrichtig ist die Entscheidung des Oberlandesgerichts Stuttgart[20]), wonach für die Übereignung der gesamten Haushaltungsfahrnis die Anlegung eines Verzeichnisses oder die Bezugnahme auf ein solches erforderlich ist.

Bei der Sicherungsübereignung sämtlicher Möbel eines Salons brauchen die einzelnen Stücke nicht aufgeführt zu werden[21]). Dem Oberlandesgericht Nürnberg[22]) genügt die Erklärung einer Frau, daß diese ihre sämtlichen Möbel einem Gläubiger übereigne, nicht, weil dieser Gläubiger nichts über die Art und Zahl der Gegenstände erfuhr.

dd. Zur Übereignung **der in bestimmten Aufbewahrungsräumen befindlichen Sachen** genügt die genaue Bezeichnung des Aufbewahrungsortes, wenn sich dort keine den übereigneten gleichartige Sachen befinden[23]). Die Aufführung der einzelnen Stücke in einem Verzeichnis ist dann nicht nötig. Bezeichnung von Menge und Stückzahl sind für die Bestimmtheit wertlos[24]). Erkennbare räumliche Abtrennung genügt[25]), z. B. Übereignung

---

17) RG 22. 10. 10 Warneyer 1910—404.
18) DJZ 1913—392.
19) JW 1927 S. 2453.
20) Recht 1910 Nr. 914.
21) OLG Stuttgart R. 1915 Nr. 1088.
22) OLG 26—49.
23) Jacusiel, Sicherungsübereignung S. 10.
24) Abw. Weinhausen S. 57.
25) Weinhausen S. 75.

der zur Zeit des Vertragsschlusses im Laden des Treugebers befindlichen Waren[26]). Ein Inventar ist nie nötig, wenn die Sachen räumlich abgetrennt sind. Weinhausen hält ein Inventar irrig für erforderlich bei Sachen, über die der Treugeber nicht verfügen darf[27]).

ee. Man kann auch einen **Teil einer Sachmehrheit**, z. B. ein Warenlager, sicherheitshalber übereignen, wenn der Teil hinreichend bestimmt ist. Dann ist die genaue Bezeichnung besonders wichtig.

a) Individuelle Bestimmtheit genügt[28]).

Bestimmung durch Aufzählung ist auch hier die sicherste Bestimmung. Man kann die Bestimmung aber auch durch Bezeichnung der Unterscheidungsmerkmale treffen. Die Unterscheidungsmerkmale können körperliche sein. Das ist aber nicht nötig[29]). Ein rechtliches Unterscheidungsmerkmal ist das Eigentum. Wenn die Sachmehrheit aus unterscheidbaren Stücken besteht, von denen ein Teil dem Treugeber, ein Teil einem Dritten gehört, und die Parteien vereinbaren die Sicherungsübereignung nur bezüglich der Stücke, die dem Treugeber gehören, dann ist dieser Vertrag wirksam[30]). Ein andermal hat es freilich eine Übereignung für ungültig erklärt, bei der jemand von 35 in seinem Stall stehenden Kühen, von denen ihm 5 Kühe nicht gehörten, die übrigen 30 Kühe ohne nähere Bezeichnung veräußert hat, weil Bestimmtheit des Treugutes erforderlich sei, Bestimmbarkeit nicht genüge[31]).

b) Bestimmung durch Angabe eines **Bruchteils** genügt ebenfalls.

Man kann einen Vorrat teilweise sicherheitshalber übereignen[32]), z. B. alle Säcke zu einem angegebenen Bruchteil.

c) **Ungenügend** ist Bestimmung nur dem Wert nach „das auf dem Lagerplatz Sch. Nr. 16 lagernde Schnittmaterial im jewei-

---

[26]) RG 14. 11. 11 JW 1912 S. 144.
[27]) S. 76.
[28]) Staub-Koenige, § 366 Anm. 12; RG 28. 10. 02 Bd. 52 S. 385.
[29]) Jacusiel, Sicherungsübereignung S. 10.
[30]) RG 20. 12. 12 Bd. 81 S. 143.
[31]) LZ 1917—868.
[32]) Staub-Koenige, § 366 Anm. 12.

ligen Wert von RM. 3000"[33]), oder „2000 Mark Seidenbänder und 3000 Mark fertige Hosenträger" aus einem Lager[34]).

Übereignung einer bestimmten Zahl vertretbarer Sachen aus einer größeren Menge ohne Aussonderung ist nicht möglich. Ebenso ist es unmöglich, einen Teil eines Vorrats (eine von zwei gleichartigen Sachen) zu übereignen ohne anzugeben, welche gemeint ist. Das ist ausgesprochen für 50 nicht näher bezeichnete Kisten mit Sardinen, die ungeschieden in einem größeren Vorrat lagen[35]), für die Übereignung von 600 000 bis 700 000 Ziegelsteinen, die in dem und um den Ziegelofen ungeschieden lagern[36]), für 100 Zementröhren aus einem größeren Bestand ohne Absonderung[37]), für 2000 Gummibänder für Hosenträger aus einem Warenlager[38]), für Übereignung von jeweils 3500 Sack aus einer größeren Warenmenge[39]).

d. Die Sicherungsübereignung kann **für Sachen, die der Treugeber künftig erwerben will,** gültig versprochen, aber nicht vollzogen werden.

aa. Die **rechtliche Möglichkeit** der Sicherungsübereignung noch nicht erworbener Sachen richtet sich danach, ob man das besitzmittelnde Verhältnis vereinbaren kann, bevor man die Sache hat. Das ist umstritten.

Martin Wolff leugnet mit Recht die vom Reichsgericht angenommene Möglichkeit des vorweggenommenen Besitzkonstituts, weil das Besitzkonstitut die Übertragung des unmittelbaren Besitzes ersetzt; die Übereignung also einen Akt erfordert, der erst vollzogen werden kann, nachdem der Treugeber den Besitz erlangt hat[40]).

---

[33]) RG 16. 2. 26 LZ 1926 S. 485.
[34]) RG Gruchot 58—1029.
[35]) RG 7. 11. 21 Bd. 103 S. 153.
[36]) RG JW 1912 S. 797.
[37]) OLG Braunschweig OLG 26—48.
[38]) RG Gruchot 58—1029.
[39]) RG 9. 3. 27 Bd. 113 S. 57.
[40]) Sachenrecht, § 67 I 2 mit Nachweisen gegen RG Bd. 56 S. 34; Jacobsohn, JW 28—2234 gegen RG Bd. 100 S. 192; RG 13. 2. 28 JW 1596—41; Leipziger Kommentar zum Strafgesetzbuch, § 266 Anm. 17; Staub-Koenige, § 366 Anm. 2a.

Die Sicherungsübereignung künftigen Erwerbs ist **nicht** indirekte Stellvertretung durch den Treugeber für den Treunehmer mit der direkten Wirkung des Eigentumserwerbs für den Treunehmer, sondern Rechtsgeschäft zwischen Treugeber und Treunehmer, das die Übereignung an den Treugeber unberührt läßt, jedoch Weiterübereignung im Augenblick des Eigentumserwerbs verspricht[41]).

bb. Dies Versprechen der Sicherungsübereignung von Sachen, die der Treugeber **künftig erwerben wird,** erfolgt durch die unzweideutige, wenn auch nur stillschweigend erklärte Vereinbarung, daß der Treugeber für den Fall der (künftigen) Besitzerlangung Besitzmittler des Treunehmers werden wolle[42]). Die Abrede kann reiner Willensakt sein. Das Abkommen muß darum die Sache wie den besitzmittelnden Vertrag hinreichend bestimmt bezeichnen, und den Übereignungswillen hinreichend deutlich zum Ausdruck bringen, damit es die gewollte Nachwirkung haben kann.

Erforderlich ist dabei, daß die Parteien darüber einig sind, daß der Treugeber die Sache für den Treunehmer in Besitz nehmen soll. Es genügt, daß der Treunehmer den Treugeber unter Befreiung vom Verbot des Vertragsschlusses mit sich selbst ermächtigt, diesen Willen für ihn zu bilden, und der Treugeber von dieser Ermächtigung Gebrauch macht. Die einzelnen Willensbildung vollzieht sich dann nur innerhalb der Person des Treugebers[43]).

cc. Die erste **Wirkung** des Versprechens des Treugebers, neu anzuschaffende Sachen für den Treunehmer in Besitz nehmen zu wollen, besteht darin, daß es die Vermutung begründet, daß der Treugeber bei Besitzerlangung das Treugut vertragsmäßig für den Treunehmer und nicht vertragsbrüchig für sich selbst in Besitz nimmt[44]). Handelt der Treugeber vertragstreu, so verschafft er dem Treunehmer den mittelbaren Besitz und damit das Eigen-

---

[41]) Gegen Hoeniger, ausführlich in seiner Schrift, aufrechterhalten JW 1927 S. 628.

[42]) Staub-Koenige, § 366 Anm. 2a.

[43]) RG 3. 1. 03 JW 1903 S. 31.

[44]) RG JW 1903 S. 143.

tum in dem Zeitpunkt, in dem er den Besitz erlangt[45]); folglich muß noch in diesem Zeitpunkt Einigkeit beider Teile über den Eigentumsübergang vorhanden sein[46]). Das zum spätern Erwerb des mittelbaren Besitzes durch den Treunehmer erforderliche vertragstreue Verhalten des Treugebers muß feststellbar sein. Es kann positiv z. B. daraus festgestellt werden, daß der Treugeber dem Treunehmer das versprochene Verzeichnis der angeschafften Stücke übersendet[47]), daraus, daß er seinen Willen dem Treunehmer gegenüber bestätigt[48]). Es kann negativ daraus festgestellt werden, daß in der Zwischenzeit keine Änderung in der Willensrichtung des Treugebers ein- und hervorgetreten ist[49]). Handelt der Treugeber beim Besitzerwerb vertragswidrig, d. h. erwirbt er nicht mit dem Willen, den Besitz für den Treunehmer zu erwerben, so erlangt der Treunehmer kein Eigentum.

dd. **Erkennbarkeit** für Dritte ist nicht erforderlich[50]).

Für die Parteien aber muß die Übereignung erkennbar sein, denn auch der dingliche Vertrag ist Erklärung. Die Erklärung braucht aber keine ausdrückliche zu sein. Eine „jeden Zweifel ausschließende" äußere Erkennbarkeit[51]) kann jedoch nicht verlangt werden. Übersendung eines Verzeichnisses der angeschafften Ersatzwaren ist zweckmäßig, aber nicht unerläßlich. Stillschweigende Erklärung genügt auch hier. Wenn vereinbart ist, daß die Übereignung des künftigen Hölzererwerbs durch Eintragung in ein Lagerbuch erfolgen soll, so tritt der Eigentumsübergang nur ein, wenn sich aus dem Lagerbuch erkennen läßt, welche Hölzer gemeint sind[52]).

ee. Die gelegentlich vorkommende Sicherungsübereignung des gesamten künftigen Erwerbs ist gemäß BGB. § 310 nichtig[53]).

---

45) Staub-Koenige, § 366 Anm. 2a.

46) Wolff, Sachenrecht, § 67 I 2 mit Nachweisungen, RG Bd. 56 S. 54; Bd. 113 S. 57.

47) Staub-Koenige, § 368, Anm. 97.

48) Staub-Koenige, § 366 Anm. 2a.

49) RG Warneyer 1910 Nr. 448.

50) RG 16. 2. 12 Warneyer 1912 Nr. 213.

51) OLG Hamburg 4. 12. 17 SeuffA 73—264.

52) RG 3. 11. 08 Recht 1909—70.

53) Hoeniger, S. 72.

Der Treunehmer erlangt Eigentum an den neu angeschafften Sachen eines Warenlagers auch dann, wenn der Treugeber nur **entfernter mittelbarer** Besitzer wird[54]).

d. Auch ein Warenlager, dessen Bestand **künftig wechseln** soll, kann übereignet werden[55]).

Der Lagerbestand muß mit derselben Bestimmtheit feststehen wie bei jeder andern Sachmehrheit[55a]). Das Ausmaß des Wechsels kann entweder dem Belieben des Treugebers überlassen werden oder von der Einhaltung eines ordnungsmäßigen oder des üblichen Geschäftsgangs abhängig gemacht werden. Nur darf die Verminderung des Lagers dem Treugeber nicht unbeschränkt ohne Gegenleistung gestattet sein, denn das würde dem Sicherungszweck widersprechen.

Der Lagerzuwachs wird aber nur Eigentum des Treunehmers, wenn auch noch im Augenblick des Zuwachses die Einigung beider Parteien über den Eigentumsübergang besteht, wie im vorigen Abschnitt über die Übereignung des künftigen Erwerbs ausgeführt ist.

e. Auch die **Gesamtheit** aller Sachen, die sicherheitshalber übertragen werden können, kann übereignet werden. Bei der Sicherungsübereignung der ganzen verwertbaren Habe einschließlich unentbehrlicher Einrichtungsgegenstände, die, von besondern Ausnahmefällen abgesehen, niemand veräußert, liegt aber die Annahme der mangelnden Ernstlichkeit nahe[56]).

f. Wenn hinsichtlich **einzelner Sachen** ein Scheingeschäft oder ein nichtiges Geschäft vorliegt, führt dies nicht immer zu einer entsprechenden Schlußfolgerung hinsichtlich der übrigen[57]). Handelt es sich um die Sicherung einer bereits bestehenden Schuld, so muß man gewöhnlich annehmen, daß die Parteien die Sicherungsübereignung auch ohne die Übereignung der Sache vorgenommen haben würden, bezüglich deren sie nichtig ist, wenn sie gewußt hätten, daß sie bezüglich dieser Sache nichtig ist; denn

---

[54]) Soergel, § 930, Anm. 1.
[55]) RG 8. 11. 27 Bd. 118 S. 363.
[55a]) Staub-Koenige, § 366 Anmerkung 12.
[56]) RG Bd. 62 S. 126.
[57]) RG Bd. 62 S. 128.

der Treugeber übereignet lieber weniger als mehr und der Treunehmer nimmt lieber eine geringere Sicherheit als gar keine.

Wenn die Sicherungsübereignung zur Sicherung eines Darlehns dient, das vor Vertragsabschluß noch nicht hingegeben war, und der Treunehmer auch vor Vertragsschluß noch kein Interesse am Vermögensstand des Treugebers hatte, muß man gewöhnlich anders entscheiden; weil man in solchen Fällen damit rechnen muß, daß die Parteien den Darlehnsvertrag, in dem die Sicherungsübereignung vereinbart wurde, gar nicht geschlossen haben würden, wenn der Treugeber dem Treunehmer die Sicherungsübereignung nur bezüglich eines Teils des Treuguts versprochen hätte, an dem er sie versprochen hat; denn wer bei einem neuen Abschluß Sicherheit fordert, begnügt sich im Zweifel nicht mit einer geringeren Sicherheit, wenn der Schuldner die geforderte nicht leistet.

4. Besonders bedenklich ist die Sicherungsübereignung von Waren, die dem Treugeber verkauft und übergeben, aber von ihm **nicht bezahlt** sind und von Waren, die dem Treugeber nicht gehören.

a. Hat der Verkäufer die Waren **dem Treugeber übereignet**, so kann der Treugeber die Waren sicherheitshalber übereignen, auch wenn er dem Verkäufer versprochen hat, die Ware vor völliger Bezahlung nicht sicherheitshalber zu übereignen, auch nicht zu verpfänden; denn das Versprechen, eine Verfügung zu unterlassen, hat die Unwirksamkeit einer vertragswidrig vorgenommenen Verfügung nicht zur Folge, sondern verpflichtet nur zum Schadenersatz.

Ob der Treunehmer, der eine Sicherungsübereignung annimmt, obwohl er weiß oder wissen muß, daß der Treugeber versprochen hat, diese Ware vor Bezahlung nicht zu übereignen, sittenwidrig handelt, die Übereignung also nichtig ist, ist streitig[58]). Ich glaube, daß man die Frage bejahen muß.

b. Gehört das Treugut einem Dritten, weil der Treugeber es vielleicht gekauft, aber nur unter Eigentumsvorbehalt des Verkäufers erhalten hat, oder weil der Treugeber es früher schon einmal einem andern Gläubiger zur Sicherheit übereignet hat, so

---

[58]) Hoeniger, JW 1927 S. 628.

kann der Treugeber die Sache nicht sicherheitshalber übereignen, ohne ihren unmittelbaren Besitz aufzugeben, weil man ohne Übergabe und ohne den Willen des Eigentümers **fremde Sachen** nicht übereignen kann.

Wenn der Treugeber das weiß, begeht er nicht einmal Unterschlagung[59]), weil es unvereinbar ist, zu wissen, daß der Verkäufer Eigentümer bleibt, und zu wollen, daß der Treunehmer Eigentümer wird[60]). Er begeht dann aber Betrug gegenüber dem Treunehmer[61]). Wer der Ansicht ist, durch die zweite Sicherungsübereignung verschaffe er dem zweiten Treunehmer das Eigentum, begeht Unterschlagung[59]).

Die Sicherungsübereignung einer fremden Sache ist nur möglich, wenn der Treunehmer die Sache schon besitzt oder der Treugeber sie übergibt (BGB § 933) oder wenn die Sache sich im unmittelbaren Besitz eines Dritten (z. B. eines Lagerhalters) befindet, der sie für den Treugeber besitzt, und der Treugeber dem Treunehmer den Herausgabeanspruch abtritt (BGB § 934). Doch dieser Fall gehört nicht ins Gebiet dieser Arbeit. Sättler, der immer mit der Möglichkeit gutgläubigen Erwerbs des Treunehmers an fremden Sachen rechnet[62]), übersieht, daß bei Übereignung durch Vereinbarung eines Besitzmittlungsverhältnisses der gute Glaube nicht geschützt ist.

Man kann aber die Anwartschaft auf Erwerb des Eigentums einer fremden Sache, die man im Besitz hat, sicherheitshalber übereignen. Das Eigentum geht dann auf den Treunehmer in dem Augenblick über, in dem es ohne die Sicherungsübereignung auf den Treugeber übergehen würde. Befindet sich der Treugeber in diesem Augenblick in Konkurs, so steht dem Eigentumsübergang auf den Treunehmer jedoch KO § 15 entgegen[62a]). Auch unter dem Gesichtspunkt von BGB § 185 Abs. 2 Satz 1 Fall 2 könnte die Verfügung des spätern Gemeinschuld-

---

[59]) KG 12. 1. 27 JR Nr. 980.

[60]) RG 28. 2. 28 JW 1928 S. 1596—40 = HRR 1527, abw. Merkel, JW 28—2235.

[61]) Merkel, JW 1928 S. 2235.

[62]) JW 1927 S. 2453.

[62a]) Jaeger, Konkursordnung, 6. Auflage, § 15 Anm. 21a.

ners nicht zum Schaden der Masse wirksam werden, weil diese Heilung nur für die Zukunft eintritt[62b]).

c. Hat der Treugeber eigne und fremde Sachen sicherheitshalber übereignet, so ist in der Regel anzunehmen, daß die Übereignung der eigenen Sachen wirksam, die Übereignung der fremden Sachen unwirksam ist.

Wenn der Treugeber eigne und fremde Sachen untrennbar vermischt, so entsteht Miteigentum zu Bruchteilen[62c]). Die Übereignung dieses Vorrats ist im Zweifel als Übereignung des Anteils des Treugebers aufrechtzuerhalten. Wenn eigne Ware sicherheitshalber übereignet ist und der Treugeber fremde Ware ununterscheidbar beimengt, dann entsteht Miteigentum des Treunehmers und des Dritten.

Ganz anders hat das Reichsgericht in einem Fall entschieden, in dem der Treugeber ein ihm gehörendes Warenlager sicherheitshalber übereignet hatte mit der Abrede, daß auch die Waren, die er künftig einlagern werde, in das Eigentum des Treunehmers fallen sollten, der Treugeber aber später mit Wissen oder mit grob fahrlässiger Unkenntnis des Treunehmers fremde Sachen dem Bestand ununterscheidbar beigemischt hatte. Dazu hat es ausgesprochen: Wenn der Treugeber versprochen habe, er wolle nur Sachen auf das Lager bringen, die ihm unbelastet gehören, er aber doch eine oder mehrere Sachen ununterscheidbar beimengt, die ihm nicht gehören (z. B. ihm unter Eigentumsvorbehalt geliefert sind), so erlange der Treunehmer an keinem einzigen der eingelagerten Stücke Eigentum, wenn er wisse oder grob fahrlässig nicht wisse, daß auch nur ein Stück dem Treugeber nicht gehöre[63]). Ebenso schreibt Sättler: Das (= die Bestimmtheit der übereigneten Sachen) wird anders, wenn dem Warenlager neue Waren zugeführt werden. Dann ist nur noch ein Teil übereignet, der ungewiß geworden ist. Die erforderliche Konkretisierung der Waren, die der Sicherungsübereignung unterliegen, ist weggefallen und damit die Sicherungsübereignung ungültig geworden[64]).

[62b]) KG 21. 10. 27, KonkTreuh. S. 183 f.
[62c]) Jaeger, Konkursordnung, § 16 Anm. 1.
[63]) RG 9. 3. 26 Bd. 113 S. 57.
[64]) JW 1927—2453.

Dieser Ansicht kann nicht beigetreten werden, weil das Erfordernis der Bestimmtheit nur für den Zeitpunkt des Vertragsschlusses gilt[64a]). Die Wirksamkeit einer gegenwärtigen Übereignung ist ohne den Willen der Parteien von künftigen Ereignissen nie abhängig. Die bloße immer vorhandene Möglichkeit, daß später auch fremde Güter auf die Läger kommen könnten, kann die Übereignung nicht unwirksam machen, wenn sie sonst wirksam ist. Sonst könnte der Treugeber den Vertrag dadurch umwerfen, daß er einseitig fremde Sachen auf das Lager bringt! Der spätere Hinzutritt fremder Ware bewirkt natürlich auch keinen Übergang des Eigentums vom Treunehmer auf den Treugeber[65]) oder gar auf den Dritten, dem die beigemengte Ware gehört. Die Ware gehört dann dem Treunehmer und dem Fremden zu Bruchteilen. Sättler übersieht auch, daß die Konkretisierung nur Voraussetzung des Eigentumsüberganges, nicht Voraussetzung des Bestehenbleibens des Eigentums ist.

B. Zur Übereignung gehört **dinglicher Übereignungswille.**

1. Der **Inhalt** des Übereignungswillens unterscheidet sich nicht vom Inhalt jedes andern Übereignungswillens.

Erforderlich ist daher stets Einigung über den Übergang des Eigentums an Sachen, über deren Identität beide Parteien einig sind[66]). Wenn auch nur eine Partei nicht weiß, welche Sache übereignet sein soll, geht Eigentum nicht über.

2. **Die Eigenart des Übereignungswillens** bei der Sicherungsübereignung besteht darin, daß beide Parteien davon ausgehen, daß das Eigentum einmal an den Treugeber zurückgelangen soll, und deshalb der Treunehmer zunächst Treuhänder des Treugebers sein soll.

Schon bei Übereignung können die Parteien vereinbaren, daß das Eigentum am Treugut an den Treugeber zurückfällt, sobald die gesicherte Forderung erloschen ist (auflösend bedingte Sicherungsübereignung) oder daß der Treugeber nach Erlöschen der Forderung einen Rückforderungsanspruch hat[67]) Irrig ist die

---

[64a]) Jacusiel S. 11.

[65]) Leo, HansRZ 1927 S. 127.

[66]) Jacusiel, Sicherungsübereignung, S. 10.

[67]) Kommentar von Reichsgerichtsräten, § 930, Anm. 6.

ohne Begründung ausgesprochene Ansicht des Reichsfinanzhofs, das Eigentum falle mit Erlöschen der Forderung stets von selbst an den Treugeber zurück[68]). Ist eine auflösende Bedingung nicht vereinbart, so ergibt sich aus dem Zweck der Sicherungsübereignung, daß der Treunehmer schuldrecht verpflichtet ist, das Treugut dem Treugeber zurückzuübereignen[69]). Die auflösende Bedingung entspricht dem Wesen der Sicherungsübereignung am meisten. Aber sie gefährdet den Treunehmer, weil Zweifel darüber entstehen können, ob die gesicherte Forderung getilgt ist, und der Treugeber dann die Frage, ob er wieder Eigentümer geworden ist, selbst entscheiden kann, ohne straffällig zu werden, wenn er in entschuldbarem Irrtum die Forderung für erloschen hält, und über das Treugut verfügt, während der Treugeber bei bedingungsloser Übereignung mit der Verfügung über das Treugut immer warten muß, bis der Treunehmer es zurückübereignet, oder die Verfügung gestattet. Ohne erkennbaren Grund nimmt das Reichsgericht bedingte Übereignung gewöhnlich an, wenn durch Hingabe von Kuxen Sicherheit geleistet ist[70]). Im allgemeinen muß man aber beim Schweigen des Vertrags unbedingte Übereignung annehmen.

3. Im Einzelfall muß vor allem die **Ernsthaftigkeit** des Willens der Vertragschließenden, Eigentum zu übertragen[71]) und zu erwerben, festgestellt werden.

a. Auch bei der Sicherungsübereignung spricht **die Vermutung** dafür, daß das erklärte Geschäft ernstlich gewollt sei[72]). Die Beweislast trifft daher grundsätzlich den, der den Mangel der Ernstlichkeit behauptet[73]).

Wenn die Parteien eine Sicherung vereinbaren wollten und wußten, daß eine Verpfändung ohne Besitzübergabe unmöglich ist, so verstärkt das die Vermutung, daß die Parteien Sicherungsübereignung ernstlich gewollt haben[74]). Kenntnis der

---

[68]) 8. 6. 26 JW 28—1619.
[69]) Wolff, Sachenrecht, § 163 I 1 d.
[70]) Bd. 107 S. 335.
[71]) RG Bd. 57 S. 177.
[72]) Weinhausen, S. 48.
[73]) RG 21. 1. 10 Warneyer 10—399; Staudinger, § 930, Anm. 3e.
[74]) RG Bd. 62 S. 129.

Parteien von der Unmöglichkeit des besitzlosen Pfandrechts ist fast immer anzunehmen[75]). Daraus, daß die gesamte bewegliche Habe des Treugebers mit Einschluß der Nahrungs- und Genußmittel übereignet ist, kann nicht auf Scheinnatur des Vertrags geschlossen werden[76]).

Gegen die Ernstlichkeit spricht es nicht, wenn die Parteien vereinbart haben, der Gläubiger solle im Fall anderweitiger Sicherstellung verpflichtet sein, das Eigentum auf den Treugeber zurückzuübertragen[77]).

Der Annahme wirksamer Übereignung steht nicht entgegen, daß der Treugeber Verpflichtungen übernimmt, wie sie gewöhnlich dem Eigentümer einer Sache obliegen (z. B. die Versicherungsprämie zu zahlen[78]), oder daß er sich verpflichtet, abgehende Stücke durch neue zu ersetzen[79]); denn sie erklären sich zwanglos daraus, daß die Gefahr unter allen Umständen beim Treugeber bleibt, weil dieser durch den Untergang des Treuguts von seiner Schuld nicht frei wird. Die Vertragsbestimmung, daß der Treugeber die Gefahr des Treuguts trage, besagt daher nur etwas, was auch ohne Vertrag gelten würde. Irrig ist daher die Ansicht des Reichsgerichts[80]), daß eine solche Vertragsbestimmung gegen die Ernstlichkeit der Sicherungsübereignung spreche. Übergang der Gefahr auf den Treunehmer kommt nur bei dem seltenen Fall des Sicherungskaufs vor.

b. Fälle der **mangelnden Ernstlichkeit** sind selten.

Es ist möglich, daß die Vertragschließenden eine wahre Rechtswirkung nicht wollten, sondern sich mit dem bloßen Schein eines Rechtsgeschäfts begnügen wollten, etwa in der Hoffnung, Dritte durch Vorlegen der Urkunde vom Angriff auf die Sache und der Herbeiführung einer richterlichen Entscheidung abzuhalten. Ein solcher Vertrag ist nichtig[81]). Gegen die Ernstlichkeit der Sicherungsübereignung kann es sprechen, wenn die

---

75) Weinhausen S. 48.
76) OLG Kolmar, ElsLothrZ. 41, 364.
77) Weinhausen S. 50.
78) Staub, § 368, Anm. 96.
79) Abw. Staudinger, § 929, Anm. VIII 2b.
80) Warneyer 10—404.
81) RG Bd. 62 S. 129; Weinhausen S. 49.

Sicherungsübereignung zugunsten nahestehender Personen erfolgt ist[82]).

Der völlige Ausschluß jeden Herausgabeanspruchs des Treunehmers gegen den Treugeber würde eine wirksame Sicherungsübereignung ausschließen[83]).

c. Übereignungswille liegt nicht vor, wenn der Vertrag nur **als Verpfändung** ausgelegt werden kann, auch wenn der auf die Verpfändung gerichtete Wille verschleiert ist[84]). Daß zu Beginn der Verhandlungen nur Verpfändungswille bestand, steht der Wirksamkeit des Vertrags nicht entgegen, wenn schließlich Übereignungswille gebildet wurde, auch wenn das nur auf Anraten des Notars geschah[85]). Weil der Gebrauch falscher Bezeichnungen im geltenden Recht grundsätzlich unschädlich ist, kann man unter dem Versprechen einer Sicherheit auch dann das Versprechen einer Sicherungsübereignung verstehen, wenn die Vertragschließenden die Sicherheit „Pfandrechtsbestellung" nannten[86]) Auch wenn im Vertrag selbst das Wort „Verpfändung" gebraucht ist, so entscheidet das für sich allein nicht gegen das Vorliegen einer Übereignung[87]). Das gilt erst recht, wenn der Treunehmer sein Recht erst hinterher irrigerweise als Pfandrecht bezeichnet[88]).

4. Auch beim dinglichen Geschäft besteht die Möglichkeit, daß es **wegen Unsittlichkeit nichtig** oder wegen Verstoßes gegen ein gesetzliches Verbot **unwirksam** ist.

Die Sittenwidrigkeit folgt aus einem Verstoß gegen die Interessen des Treugebers oder aus einem Verstoß gegen die Interessen Dritter.

a. Sittenwidrige Schädigung **des Treugebers** erfolgt vor allem durch den Knebelvertrag.

Der Knebelvertrag besteht darin, daß der Treugeber dem Treunehmer so viel Vermögenswerte übereignet und ihm einen so großen Einfluß auf seine Geschäftsführung einräumt, daß die

---

[82]) Kommentar von Reichsgerichtsräten, § 930 Anm. 6.
[83]) Hoeniger, Die Sicherungsübereignung von Warenlagern S. 97.
[84]) RG Bd. 61 S. 433.
[85]) RG Bd. 57 S. 177.
[86]) RG 17. 1. 16 Warneyer Nr. 43.
[87]) RG 30. 9. 10 Warneyer Nr. 488.
[88]) RG 1. 5. 14 LZ 1759.

wirtschaftliche Selbständigkeit des Treugebers auf lange Zeit ausgeschlossen und dieser wirtschaftlich völlig vom Treunehmer abhängig gemacht wird. Daß dabei meist nur der Treunehmer sittenwidrig handelt, steht der Nichtigkeit des Vertrags nicht entgegen, weil die Unsittlichkeit seines Handelns gerade in seinem Verhalten gegenüber dem andern Vertragsteil zu finden ist[89]).

Übermäßige Sicherung liegt vor, wenn alle nennenswerten Vermögensstücke übereignet sind, z. B. alle gegenwärtigen und künftigen Warenbestände und ein Teil der Einrichtungsstücke[90]). Ausschluß von Außenständen von der Sicherungsübertragung ändert daran nichts, wenn der Treugeber beim Treunehmer trotzdem immer mehr in Schulden gerät[90]).

Übermäßige Bindung ist vor allem ausschließliche Geschäftsführung durch den Treunehmer mit unwiderruflicher Generalvollmacht, wenn sie der Übereignung des ganzen Vermögens hinzutritt[91]). Übermäßige Dauer der Bindung liegt vor, wenn sie mehrere Jahre dauert[92]). Übermäßige Bindung und damit Knebelvertrag liegt nicht vor, wenn der Treugeber das Recht behält, über die übereigneten Vorräte, soweit sie eine Bereithaltungsgrenze übersteigen, im Rahmen eines ordnungsmäßigen Geschäftsgangs für eigene Rechnung zu verfügen.

Das Gesetz macht keinen Unterschied, ob die sittenwidrige Tat gegenüber einer natürlichen Person oder gegenüber einer Personenmehrheit, sei es in der Form der Gesellschaft oder der juristischen Person ausgeübt wird[93]).

b. Für den redlichen Geschäftsverkehr gefährlicher ist die unerlaubte **Gefährdung unbeteiligter Dritter.**

Sie kann erfolgen dadurch, daß Dritten der Zugriff erschwert wird und dadurch, daß sie zur Belassung oder Hergabe von Kredit unlauter veranlaßt werden.

aa. Die Erschwerung **des Zugriffs** wird bekämpft durch StGB § 288, wonach bestraft wird, wer bei einer ihm drohen-

---

[89]) RG 6. 5. 18 Bd. 93 S. 30; 5. 7. 23 Bd. 108 S. 213.
[90]) RG 5. 4. 27 JR Nr. 1370.
[91]) KG 18. 4. 16 LZ 1919 S. 493.
[92]) RG 6. 12. 19 Bd. 97 S. 255.
[93]) RG 6. 5. 18 Bd. 93 S. 28.

den Zwangsvollstreckung in der Absicht, die Befriedigung des Gläubigers zu vereiteln, Bestandteile seines Vermögens veräußert oder bei Seite schafft.

a) Dieser **Tatbestand** liegt vor, wenn der Treugeber in der Absicht übereignet hat, bei einer ihm drohenden Zwangsvollstreckung die Befriedigung des Gläubigers zu vereiteln. Zur Absicht genügt das Bewußtsein des Treugebers, daß seine Handlung die Zwangsvollstreckung vereiteln wird[94]. Die Vollstreckung droht, wenn zu erwarten ist, daß der Berechtigte voraussichtlich die zwangsweise Verwirklichung seines Vermögensrechts herbeiführen wird. Es ist nicht erforderlich, daß die Zwangsvollstreckung unmittelbar bevorsteht, daß bereits ein Antrag auf Zwangsvollstreckung gestellt oder ein vollstreckbarer Titel erwirkt wurde. Eine Zwangsvollstreckung kann auch drohen, wenn der Gläubiger weder Klage erhoben, noch sonstige gerichtliche Schritte zur Verwirklichung seiner Forderung getan, noch die Absicht, sein Recht zu realisieren, dem Schuldner kundgetan hat. Nicht einmal Fälligkeit der Forderung ist wesentlich. Die Forderung darf aufschiebend bedingt sein. Es ist nicht nötig, daß ihre Höhe schon feststeht. Es kommt nur darauf an, ob der Berechtigte den ernstlichen Willen hat, seinen Anspruch nötigenfalls im Wege der Zwangsvollstreckung zu verwirklichen[95]).

b) **Die Rechtsfolge** der Verletzung von StGB § 288 ist Unwirksamkeit der Sicherungsübereignung gegenüber dem vollstreckenden Gläubiger; denn StGB § 288 ist ein Schutzgesetz im Sinn von BGB § 135[96]), nicht ein gesetzliches Verbot im Sinn von StGB § 134[97]), weil StGB § 288 nicht Veräußerung schlechthin, sondern Veräußerung in gewisser Absicht, nämlich in der Absicht, die Befriedigung des Gläubigers zu vereiteln, verbietet[98]). Die gegenteilige Ansicht führt zur Nichtigkeit ohne Rücksicht auf die

---

[94]) Wüsthoff, JW 1927 S. 361.

[95]) Leipziger Kommentar zum Strafgesetzbuch, § 288 Anm. 3.

[96]) LG Dessau JW 28—196; Staudinger, § 135 Anm. 9; Wüsthoff, JW 27—361.

[97]) Raape, JW 28—1888; abw. Kommentar von Reichsgerichtsräten § 134 Anm. 1.

[98]) Raape, JW 28—1888.

Kenntnis des Treunehmers[99]), obwohl kein Grund besteht, die Übereignung als solche zu verbieten, das wirtschaftliche Bedürfnis vielmehr befriedigt ist, wenn sie nur zugunsten des Gläubigers, dessen Vollstreckung droht, verboten ist.

c) **Gutgläubigkeit** des Treunehmers ändert nichts an der Unwirksamkeit der Übereignung, solange der Treugeber den unmittelbaren Besitz hat; denn BGB § 135 Absatz 2 erklärt zwar die Vorschriften zugunsten derjenigen, die Rechte von einem Nichtberechtigten herleiten, für entsprechend anwendbar; diese schützen aber erst nach Übergabe[100]). Nur wenn der Treunehmer den unmittelbaren Besitz am Treugut in einem Zeitpunkt erlangt, zu dem er ohne grobe Fahrlässigkeit darauf vertraut, daß das aus StGB § 288 folgende beschränkte Veräußerungsverbot nicht besteht, wird die Unwirksamkeit gegenüber den Gläubigern, deren Vollstreckung droht, zur Wirksamkeit[101]). Vereinzelt ist die abweichende Meinung von Raape, wonach es einfach unerträglich sein soll, daß das Geschäft nur wegen der einseitigen Absicht des Treugebers, seine Gläubiger zu schädigen, nichtig sei, und deshalb diese Rechtsfolge unter Berufung auf den Zusatz zu BGB § 134 „wenn sich nicht aus dem Gesetz ein anderes ergibt" abgelehnt werden müsse[102]).

Gutgläubigkeit liegt aber nur selten vor. Wer sich fremde Sachen ohne Übergabe sicherheitshalber übereignen läßt, muß gewöhnlich mit der Möglichkeit rechnen, daß der Treugeber die Befriedigung seiner Gläubiger vereiteln will. Er ist also vermutlich bösgläubig. Ist er gutgläubig, so beruht das vermutlich auf grober Fahrlässigkeit. Wenn aber der Treunehmer nachweist, daß er trotz sorgfältiger Erkundigung nicht gefunden hat, daß der Treugeber die Befriedigung anderer Gläubiger vereiteln wollte, dann wäre es unbillig, ihm das übergebene Treugut wieder wegzunehmen.

bb. Sittenwidrige Kredittäuschung liegt vor, wenn die Kreditwürdigkeit des Treugebers durch die Sicherungsübereignung bedeutend beeinträchtigt wird, nach außen aber der falsche

---

[99]) Kommentar von Reichsgerichtsräten § 134 Anm. 1.
[100]) LG Dessau JW 28—196.
[101]) RG Bd. 90 S. 338.
[102]) JW 28—1888.

Schein der Kreditwürdigkeit des Treugebers erweckt[103]) oder erhalten wird, und der Treunehmer dazu mitwirkt.

a) **Verlust oder Minderung der Kreditwürdigkeit** tritt dadurch ein, daß ein wesentlicher Teil der im Besitz des Treugebers befindlichen Sachen aus seinem Eigentum ausscheidet.

Der Tatbestand liegt gewöhnlich schon dann vor, wenn die gegenwärtigen und künftigen Vermögenswerte des Geschäftsvermögens (also nicht auch des Privatvermögens) übertragen werden[104]), Beschränkung des Vertrags auf die wesentlichen Vermögenswerte ändert nichts[105]). Es kann aber auch Übereignung des gesamten Warenlagers mit Einschluß der als Ersatz für abgehende Waren neu einlaufenden Waren ausreichen[106]), vor allem, wenn auch die aus dem kommissionsweisen Verkauf dieser Waren entstehenden Forderungen sicherheitshalber abgetreten werden[107]); ebenso auch schon Übertragung der gegenwärtigen und künftigen Außenstände[108]).

Unsittliche Kredittäuschung liegt nicht vor, wenn der Treugeber trotz der Sicherungsübereignung beträchtliches Vermögen behält[109]), z. B. zwar alle gegenwärtigen und künftigen Warenvorräte sicherheitshalber übereignet, aber die Außenstände behält und diese erheblichen Wert haben.

b) Man schreibt gelegentlich statt „Kreditwürdigkeit" „**Selbständigkeit** und Kreditwürdigkeit"[110]).

Indes ist es mangels entgegenstehenden Drittinteresses für die Frage wegen Nichtigkeit wegen sittenwidriger Gefährdung Dritter völlig gleichgültig, ob der Treugeber selbständig ist oder nicht, und ob die etwaige Unselbständigkeit erkennbar oder verheimlicht ist.

Ist die Unselbständigkeit zu erkennen, die Kreditunwürdigkeit aber verschleiert, so ist der darauf abzielende Vertrag un-

---

[103]) RG 24. 1. 12 JW 1912 S. 457.
[104]) RG 30. 6. 13 JW 1913 S. 318.
[105]) RG 9. 3. 26 Warneyer 1926 Nr. 84.
[106]) RG Bd. 77 S. 210.
[107]) RG 8. 11. 27 Bd. 118 S. 363.
[108]) RG 5. 5. 11 Gruchot 55—883.
[109]) RG Bd. 113 S. 59.
[110]) Zuletzt Weinhausen S. 65.

sittlich. Ist die Unselbständigkeit verschleiert, die Kreditwürdigkeit aber erhalten, weil etwa der Treunehmer für Schuldenzahlung sorgt, so ist der Vertrag wegen dieser Verschleierung nicht unwirksam, weil die Rechtsordnung ein Interesse an der Kenntnis solcher Abmachungen nicht anerkennt, solange die Abmachungen das Vermögen Außenstehender nicht gefährden.

Ob der Ausbau des Kartellrechts eines Tages dazu führen wird, jede Verschleierung wirtschaftlicher Unselbständigkeit zu verbieten, ist für das geltende Recht der Sicherungsübereignung ohne Bedeutung.

c) **Die Erkennbarkeit** für Dritte ist freilich nicht gesetzliches Tatbestandsmerkmal der Sicherungsübereignung[111]). Der falsche Schein der Kreditwürdigkeit bildet aber für den gesunden Kreditverkehr eine große Gefahr, weil dadurch Dritte leicht veranlaßt werden, dem Treugeber Kredite zu belassen oder zu gewähren, die sie nicht belassen oder gewähren würden, wenn sie die wahre Kreditwürdigkeit kennen würden. Ein Gläubiger darf sich aber nicht von dem Schuldner alles übereignen lassen, was dieser besitzt, ohne dies für jeden, der sehen will, erkennbar zu machen[112]). Eine dingliche Rechtsänderung, die so wenig hervortritt, daß sie sogar den Angestellten des Treugebers vollständig verborgen bleibt, ist nicht rechtsgültig[113]). Nichtig ist immer die Übereignung des ganzen Lagerbestandes mit Neuerwerb und des hauswirtschaftlichen Erwerbs unter unveränderter Fortführung der Firma[114]).

Ein Verstoß gegen die guten Sitten liegt regelmäßig vor, wenn die Geheimhaltung des Vertrags vereinbart ist[115]).

Jede (auch geringfügige) Kredittäuschung ist sittenwidrig, wenn sie zu dem Zweck erfolgt, dem Treugeber Kredit zu verschaffen, den der Kreditgeber bei Kenntnis der wahren Sachlage verweigern würde.

Eine weitere unlautere Machenschaft als die Täuschung gehört nicht zum Tatbestand der Kredittäuschung[116]).

---

[111]) RG 16. 2. 12 Warneyer 5 Nr. 213.
[112]) RG Bd. 85 S. 344.
[113]) RG Bd. 77 S. 210.
[114]) OLG Rostock SeuffA 67 Nr. 147.
[115]) Wolff, Sachenrecht § 163 Note 15.
[116]) RG 6. 11. 28 HRR 29—284.

d) Zur Unsittlichkeit gehört, daß **eine Gefährdung** Dritter eintritt, daß also der Treugeber infolge der Sicherungsübereignung nicht mehr in der Lage ist, seine andern (gegenwärtigen und zukünftigen) Gläubiger zu befriedigen[117]).

Fortsetzung der Kreditgewährung durch den Treunehmer an den Treugeber ändert an der Sittenwidrigkeit der Übereignung nichts, wenn der Treunehmer keine Verpflichtung zur Belassung oder Erhöhung der gewährten Kredite übernimmt, weil dann Dritte ganz darauf angewiesen sind, daß der Treunehmer freiwillig seine Kreditgewährung fortsetzt. Kredite des Treunehmers an den Treugeber stehen der Sittenwidrigkeit nie entgegen, wenn die mit den Krediten etwa gekauften Waren nach dem Vertrag Eigentum des Treunehmers werden und den übrigen Gläubigern keine Vorteile aus den Krediten zufließen[118]).

Eine über die zur Sicherung des Treunehmers erforderliche Täuschung hinausgehende Schädigung gehört nicht zum Tatbestand der Drittgefährdung[119]).

e) Zur Unsittlichkeit eines Verstoßes gegen das Interesse Dritter gehört, daß **beide Parteien unsittlich** handeln[120]). Die beiden Ausnahmen von diesem Satz: sittenwidriger Vertragsinhalt und Sittenverstoß gegen den Vertragsgenossen[121]) kommen hier nicht in Frage.

Unter allen Umständen ist daher erforderlich, daß die Vertragsgenossen wußten, daß die Übereignung Dritte schädigen konnte[122]). Der Treunehmer muß also wenigstens mit der Möglichkeit gerechnet haben, daß der Treugeber Schulden hatte oder machen würde, die er aus dem verbleibenden Vermögen und seinen sicheren Einnahmen nicht mit Gewißheit decken konnte. Glaubte der Treunehmer, der Treugeber sei trotz der Sicherungsübereignung noch ein begüterter und kreditwürdiger Mann, so ist der Vertrag nicht sittenwidrig[123]).

---

[117]) RG 8. 11. 27 Bd. 118 S. 363.
[118]) RG 5. 4. 27 JR Nr. 1370.
[119]) RG 6. 11. 28 HRR 29—284.
[120]) RG 6. 5. 18 Bd. 93 S. 30.
[121]) RG w. o.
[122]) RG 6. 3. 15 Warneyer 1915—314.
[123]) RG 8. 11. 27 Bd. 118 S. 363.

Ein Gläubiger, der einen in Zahlungsschwierigkeiten geratenen Schuldner zu stützen sucht, darf sich zwar sichern, bevor er Kredit gewährt; er darf aber nicht aus gesicherter Stellung die Hilfeleistung unter Irreführung Dritter lediglich auf deren Gefahr und Kosten bewerkstelligen.

Voraussetzung der Sittenwidrigkeit des Vertrags ist, daß beide Parteien mit der Möglichkeit rechneten, daß der Treugeber infolge der ihm bewilligten Mittel und des äußeren Scheins der Zahlungsfähigkeit und geschäftlichen Selbständigkeit von anderer Seite Kredit erhält, oder daß ihm der Kredit belassen wird[124]). Dabei kommt es nicht darauf an, ob die Täuschung von dem Gläubiger beabsichtigt war oder nicht, und ob er mit seiner Hilfeleistung einen besonders hohen Gewinn erstrebt, oder ob er sich mit dem üblichen Nutzen aus Barkredit und Warenlieferungen begnügt hat[125]), ob der Treunehmer selbst Risiko läuft, ob er der Meinung sein kann, daß durch seine Hilfe auch die andern Gläubiger befriedigt werden könnten.

f) Der **Zweck** des Vertrags, die Forderung zu sichern und zu tilgen, schließt dessen Unsittlichkeit noch nicht aus.

Jeder Gläubiger hat zwar ein von der Rechtsordnung anerkanntes und geschütztes Recht, gegen den Schuldner die Befriedigung seiner Ansprüche zu betreiben, aber die Rechtsordnung billigt nicht jede Art, dies Ziel zu erreichen[216]).

5. **Die Anfechtbarkeit** ist mit der Nichtigkeit unvereinbar. Sie darf nur geprüft werden, wenn die Rechtsgültigkeit der Übereignung feststeht[127]).

Die Anfechtung der Sicherungsübereignung ist in allen Fällen zulässig, in denen die Konkursordnung und das Anfechtungsgesetz sie auch für andere Geschäfte zulassen[128]). Nach AnfG § 3 Ziffer 1 und 2 und KO § 31 Ziffer 1 sind anfechtbar Rechtshandlungen, die der (Gemein=)Schuldner in der dem andern Teil bekannten Absicht, seine Gläubiger zu benachteiligen, vorgenommen hat. Eine Gläubigerbenachteiligung liegt in jeder

---

124) RG JW 1924—176.
125) RG Bd. 85 S. 344.
126) RG 6. 11. 28 HRR 29—284.
127) LG Dessau JW 28—195.
128) Kommentar von Reichsgerichtsräten § 930 Anm. 6 Abs. 6.

Sicherungsübereignung, wenn nicht gleichzeitig mit ihr dem Wert des Treuguts entsprechende andere Werte dem Vermögen des Schuldners zugeführt werden. Die die Anfechtung einer unentgeltlichen Verfügung erleichternden Vorschriften in AnfG § 3 Ziffer 3 und 4 und KO § 32 sind auf die Sicherungsübereignung gewöhnlich nicht anwendbar. Wenn die Sicherungsübereignung nachträglich erfolgt, erblickt die Rechtsprechung mit Recht das Entgelt in dem mit der Übereignung in einem solchen Fall regelmäßig verbundenen Anerkenntnis oder der Stundung der Schuld[129]).

Die Anfechtung nach dem Anfechtungsgesetz ist bei der Sicherungsübereignung auch oft in den Fällen der Verfügung zugunsten des Ehegatten oder eines Verwandten möglich.

Sie kann sowohl durch Klage wie durch Einrede geltendgemacht werden[130]).

Ist die Sicherungsübereignung von einem Kaufmann seinem stillen Gesellschafter gewährt, so kann sie auch als „Rückgewähr der Einlage" nach HGB § 342 anfechtbar sein[131]).

6. Die Parteien können unter Bezugnahme auf den alten Vertrag wirksam bestimmen, daß **an Stelle** der darin genannten Sache nunmehr eine andere übereignet sein soll[132]).

C. Das dritte und letzte Erfordernis der Sicherungsübereignung ohne Übergabe ist die Vereinbarung eines bestimmten **Besitzmittlungsverhältnisses,** durch das gemäß BGB § 868 für den Treunehmer mittelbarer Besitz begründet wird.

1. Die **Arten** der den Parteien zur Verfügung stehenden Besitzmittlungsverhältnisse sind sehr verschieden gestaltet.

a. Notwendig ist nur, daß die Vertragschließenden sich über ein konkret bestimmtes schuldrechtliches oder dingliches[133]) Rechtsverhältnis einigen, das ein Nutzungsrecht oder eine Verwahrungspflicht des Treugebers begründet[134]).

---

[129]) Jacusiel, Sicherungsübereignung S. 42.
[130]) RG 24. 10. 19 Bd. 96 S. 339.
[131]) RG Bd. 84 S. 435.
[132]) RG Bd. 57 S. 177.
[133]) Weinhausen S. 56.
[134]) KG 4. 6. 26 JW 1927 S. 669 mit Nachweisen.

Eine Verwahrungspflicht genügt[135]). Die Anwendung von Ausdrücken, die nach üblichem Sprachgebrauch gerade und unmittelbar das gewollte Rechtsverhältnis ergeben und ersehen lassen, ist nicht erforderlich; es genügt, daß das gewollte Rechtsverhältnis erkennbar gemacht ist[136]). Es genügt deshalb, daß der Treunehmer erklärt, er lasse dem Treugeber das Treugut zu schonender Benutzung vorbehaltlich des Rechts, es jederzeit an sich zu nehmen[137]). „Belassung zur Fortführung des Geschäfts" genügt[138]); ebenso die Abrede, daß das Treugut dem Treugeber einstweilen zur Verarbeitung überlassen werde[139]). Die Vereinbarung braucht nicht einmal rechtsgültig zu sein; es genügt, daß die Vertragschließenden sie für gültig halten; nur Willensmängel hindern das Entstehen des Besitzmittlungsverhältnisses[140]).

b. Das Besitzmittlungsverhältnis muß also **ernstlich gewollt sein.** Ist es nicht ernstlich gewollt, so geht Eigentum nicht über. Wenn die Parteien ernstlichen Übereignungswillen haben, also auch den Besitz, als ein zum Eigentumsübergang notwendiges Erfordernis, übertragen wollen, so genügt jede Handlung, die objektiv geeignet ist, dem Treunehmer Besitz zu verschaffen, ohne Rücksicht darauf, ob sich die Parteien über die rechtliche Bedeutung und Wirkung ihrer auf die Begründung des Besitzmittlungsverhältnisses gerichteten Abrede klar sind[141]), zu der Annahme, daß auch das Besitzmittlungsverhältnis ernstlich gewollt ist[142]). Das gilt auch, wenn die Parteien irrig glaubten, der Eigentumsübergang habe sich schon vorher vollzogen[143]).

Es schadet nichts, wenn statt des ernst gemeinten Besitzmittlungsverhältnisses (Leihe) ein nicht ernst gemeintes (Miete) genannt wird[144]).

---

135) RG Bd. 54 S. 397.
136) RG 4. 2. 13 JW 1913—492.
137) OLG Hamburg HansGZ 34 B. 177.
138) OLG Oldenburg, BA. XXV S. 477.
139) RG 21. 5. 09 Recht 1909 Nr. 1998.
140) RG 9. 2. 20 Bd. 98 S. 133.
141) RG 8. 11. 27 Bd. 118 S. 364.
142) RG Bd. 13 S. 200.
143) RG 8. 11. 27 Bd. 118 S. 364.
144) RG 23. 2. 09 Recht Nr. 1312.

Äußerliche Erkennbarkeit des Besitzmittlungsverhältnisses ist nie erforderlich. Weinhausen hält sie für erforderlich bei der Sicherungsübereignung eines Warenlagers[145]). Notwendig ist aber natürlich, daß der Vertrag erkennen läßt, ob das ganze Warenlager oder welche Stücke des Warenlagers vom Besitzmittlungsverhältnis ergriffen werden. Nur wenn das Besitzmittlungsverhältnis sich auf einen Teil der vorhandenen Stücke beschränkt, ist ein Verzeichnis unentbehrlich.

c. **Ungenügend ist** ein abstraktes Besitzmittlungsverhältnis[146]), ebenso das Sicherungsverhältnis als solches[147]). Weinhausen ist anderer Ansicht, weil es genüge, wenn dem Treugeber das Recht eingeräumt sei, das Treugut so lange zu besitzen, als der Treunehmer die Besitzüberlassung nicht widerrufe[148]). Damit aber wäre das Erfordernis des Besitzmittlungsverhältnisses zur leeren Form gemacht. Vermutlich wird die Rechtsentwicklung das einmal tun, weil das Besitzmittlungsverhältnis bei der Sicherungsübereignung rechtspolitisch bedeutungslos ist. Vorläufig ist aber die Entwicklung noch nicht so weit.

Es genügt nicht, daß in den Vertrag irgendein (in Wahrheit nicht vereinbartes) Rechtsverhältnis als beabsichtigt hineingeschrieben wird[149]). „Überlassung zur weiteren Innehabung" ohne tatsächliche Veränderung genügt nicht[150]). Die Ermächtigung an den Treugeber, nach innen als Verkäufer des Treunehmers, nach außen jedoch in eigenem Namen das Geschäft fortführen zu dürfen, genügt nicht[151]).

2. Wenn das Treugut gewöhnlich dem dauernden Gebrauch durch den Treugeber dient, wird als Besitzmittlungsverhältnis in der Regel **ein Gebrauchsüberlassungvertrag** abgeschlossen.

a. Ist ein solcher Vertrag abgeschlossen, so kann der Treugeber die Wohnungseinrichtung oder das Kraftfahrzeug weiter

---

[145]) S. 72.

[146]) RG 4. 6. 26 JW 1927 S. 669.

[147]) RG JW 1912—144—21; RG Warneyer 1913 Nr. 200; RG 11. 10. 27 BA. XXVII 74; Kommentar von Reichsgerichtsräten, § 930, Anm. 6 Abs. 2.

[148]) S. 57.

[149]) Soergel, § 930, Anm. 5b.

[150]) RG Warneyer 1910—404.

[151]) RG 6. 11. 08 Recht 1909 Nr. 73.

benutzen, obwohl das Treugut jetzt Eigentum des Treunehmers ist. Die **Ernstlichkeit** eines Gebrauchsüberlassungsvertrags ist zweifelhaft, wenn es sich um Sachen handelt, die durch Verkauf oder Verarbeitung verwertet werden sollen, weil das der Gebrauchsabrede widerspricht. Es ist aber denkbar, wenn auch wenig wahrscheinlich, daß der Treunehmer dem Treugeber das zum Verkauf bestimmte Treugut überläßt, damit der Treugeber es Kaufliebhabern jederzeit zeigen und übergeben kann. Die Meinung Weinhausens, wonach beim Warenlager Miete nicht in Betracht kommt[152]), geht daher zu weit. Bei den zur Verarbeitung bestimmten Sachen ist das für den Gebrauchsvertrag ausreichende Interesse des Gebrauchers möglicherweise darin begründet, daß er das Treugut jederzeit greifen kann.

Der Gebrauchsvertrag über Verkaufs- und Verarbeitungsgut endigt durch Zweckerreichung mit der wirksamen Veräußerung und mit der Verarbeitung des Treuguts. Damit entfällt auch die aus dem Gebrauchsvertrag fließende Herausgabepflicht des Treugebers; so daß die Unmöglichkeit der Rückgabe[153]) kein zwingender Gegengrund gegen die Möglichkeit des Gebrauchsüberlassungsvertrags an Verkaufsgut ist.

b. **Gebrauchsverträge sind** Leihe und Miete.

aa. **Die Leihe ist** bei der Sicherungsübereignung die gewöhnliche Form des Gebrauchsüberlassungsvertrags, weil die Parteien gewöhnlich für die Überlassung des Gebrauchs am Treugut keinen wahren Entgelt vereinbaren wollten. Die Leihe kommt deutlich zum Ausdruck durch die Worte „Überlassung von Gewahrsam und unentgeltlicher Benutzung“[154]); ergibt sich aber auch aus Abreden wie „die Sachen bleiben zu unserer Benutzung“[155]).

bb. **Ein „Mietvertrag“**, der mit dem gesetzlichen Mietbegriff unvereinbar ist, ist vermutlich nicht ernst gemeint.

Aus der Mietzinszusage kann auf die Natur als Mietvertrag geschlossen werden. Lagergeldzusage genügt[156]).

---

[152]) S. 70.
[153]) Trotz Weinhausen S. 71.
[154]) RG 14. 11. 11 JW 1912 S. 144.
[155]) OLG Posen, PosMS. 1910—154.
[156]) Staudinger, § 930, Anm. 3a.

Die Nichtzahlung des vom Sohn an die Mutter versprochenen Mietzinses während eines halben Jahres gestattet keinen sichern Rückschluß gegen die Annahme eines ernstlichen Sicherungskaufs.

Ist der Mietzins ganz willkürlich gewählt, so kann daraus auf Nichternstlichkeit des Mietvertrags geschlossen werden.

3. Wenn das **Treugut gewöhnlich der Verwertung** durch Verkauf oder Verarbeitung dient, ist es zweckmäßig, einen Vertrag zu schließen, nach dem der Treugeber zur Verfügung über das Treugut unter bestimmten Voraussetzungen berechtigt ist, also einen Kommissionsvertrag oder ein ähnliches Rechtsverhältnis zu begründen.

a. Die rechtliche Möglichkeit der Kommission als Besitzmittlung für das Kommissionsgut bei der Sicherungsübereignung wird zu Unrecht bezweifelt von Hoeniger[157]).

aa. Freilich könnte der Treunehmer ohne **Herausgabeanspruch** kein Eigentum haben. Die Verkaufsbefugnis schließt indes sein Bestehen nicht aus, weil der Herausgabeanspruch des Treunehmers gegen den Treugeber wie der Eigentumsanspruch jedes Kommittenten gegen seinen Kommissionär erst mit dem Verkauf oder gar erst mit der Übereignung des Treuguts durch den Treugeber untergeht, also durchaus nicht nur vom Willen des Treugebers abhängt[158]), sondern in erster Linie von dessen Verkaufsmöglichkeiten.

bb. Der Treugeber könnte sich die Sache durch **Unterschlagung** aneignen[159]). Jacobsohn hält dem entgegen, daß der Treugeber verkaufen und übergeben darf[160]). Trotzdem kann der Treugeber unterschlagen, weil er nur vertragsmäßig verkaufen und übergeben darf, vertragswidriger Verkauf mit Übergabe daher Unterschlagung ist.

Diese Möglichkeit steht aber der Kommission als Besitzmittlungsverhältnis nicht entgegen, weil auch jeder andere, dem eine fremde Sache anvertraut ist, diese unterschlagen kann.

---

[157]) S. 76.
[158]) Wie Hoeniger meint, S. 100.
[159]) RG 13. 2. 28 JW 1596—41.
[160]) JW 28—2234.

cc. Die Einräumung der **Verfügungsbefugnis** für sich allein ist kein Anhaltspunkt gegen die Ernstlichkeit der Übereignung[161]); denn die Verfügungsbefugnis kann jedem Nichteigentümer eingeräumt werden. Darauf beruht gerade die Verkaufskommission.

Die Berechtigung zur freien Verfügung mag die direkte Negation des Herausgabeanspruchs sein[162]). Die Kommission gestattet Übereignung aber immer nur auf Grund Kaufvertrags, also nicht frei. Auch ist es nicht wahr, daß die Befugnis zur Verfügung für eigene Rechnung mit dem Eigentum stets Hand in Hand gehen muß[163]). Der Verkauf unter Eigentumsvorbehalt mit Erlaubnis an den Käufer, die Sache beliebig zu verkaufen, wofern er nur den Verkäufer gleichzeitig bezahlt, zeigt das Gegenteil.

dd. Freilich wird der Treunehmer durch die Kommission juristisch zum **Geschäftsherrn,** aber das schadet nichts[164]), zumal er wirtschaftlich immer ein Interesse daran hat, daß der zahlungsschwache Treugeber durch gute Geschäftsführung seine Zahlungsfähigkeit verbessert.

b. Genaue Untersuchung bedarf jedoch der **Inhalt** des Verwertungsvertrags.

aa. Wenn der Treunehmer dem Treugeber die Verfügung über das Treugut gestattet, dann muß er sein Sicherungsinteresse wahren, wenn er nicht die Rechtsbeständigkeit der Übereignung aufs Spiel setzen will. Sein Interesse geht in erster Linie auf Tilgung seiner Forderung, daneben auch auf Hebung der Leistungsfähigkeit des Treugebers durch Ermöglichung des Fortbestands seines Geschäfts. Gewöhnlich wird Vertragsinhalt sein, daß der Treunehmer Recht und Pflicht zur Verwaltung des Treuguts behält, berechtigt ist, es zur Herstellung neuer Gegenstände zu verwenden und im regelmäßigen Betrieb zu verkaufen, dagegen verpflichtet ist, die veräußerten Sachen durch andere zu ersetzen. Gewöhnlich werden die Parteien auch vereinbaren, daß der Treugeber einen Teil des Erlöses an den Treunehmer abführen muß. Nötig ist das letzte aber

---

[161]) Gegen RG Warneyer 1910 Nr. 404 und Hoeniger S. 22.
[162]) Hoeniger S. 102.
[163]) Hoeniger S. 104.
[164]) Abw. Hoeniger S. 67.

nicht. Daß nur ein ziffernmäßig nicht bestimmter Teil an den Treunehmer abzuführen ist, steht der Wirksamkeit der Vereinbarung erst recht nicht entgegen[165]). Der Treunehmer kann dem Treugeber freistellen, für eigne Rechnung zu verkaufen[166]), wofern er ihm die Erhaltung des Kaufpreises zur Stärkung des Geschäfts auferlegt. Einschränkungslos kann der Treunehmer dem Treugeber die Befugnis, das Treugut für eigne Rechnung zu verkaufen, nicht belassen[167]). Würde der Treunehmer dem Treugeber gestatten, über das Treugut völlig frei zu verfügen, so stünde der Treugeber wie ein Eigentümer und man müßte die Ernstlichkeit der Besitzmittlungsvereinbarung und damit die Wirksamkeit der Übereignung verneinen[168]).

bb. Die übliche und zweckmäßige Form des Verwertungsvertrags ist die des **Kommissionsvertrags**[169]).

a) Die Möglichkeit der Kommission insbesondere ist streitig. Viele[170]) verneinen die Frage immer. Ohne Gründe spricht sich für die Möglichkeit der Kommission das Oberlandesgericht Düsseldorf aus[171]).

Der Treunehmer handelt für fremde Rechnung, soweit er den Erlös entweder an den Treunehmer abführen muß[172]), oder in Waren anlegen muß, die in das Eigentum des Treunehmers fallen, weil das Ergebnis des Geschäfts auf den Treunehmer überführt werden soll, nicht nur eine bestimmte Verwendungspflicht für den Erlös begründet werden soll, sondern dieser als solcher, weil aus dem Eigentum des Treunehmers gewonnen,

---

[165]) Staudinger, § 931, Anm. VIIIe.

[166]) Abw. Sättler, JW 1927 S. 2455.

[167]) Staudinger, § 929, VIIIe.

[168]) OLG Karlsruhe BA. 10—28; OLG Rostock, SeuffA. 66—102 Nr. 51.

[169]) RG 8. 11. 27 Bd. 118 S. 364.

[170]) Hachenburg, zuletzt JW 1929, 316; Hoeniger, Sicherungsübereignung von Warenlagern, S. 11 ff.; Melsbach, JW 1913, 404 ff.; Nußbaum, Tatsachen und Begriffe im deutschen Kommissionsrecht 48; Oertmann, DJZ 1911, 1178; Sello, Recht und Handel, 27 n. 7; Weinhausen, Sicherungsübereignung S. 80 ff.; OLG. Rostock, SeuffA. 66—104 Nr. 51.

[171]) OLG. Düsseldorf JW 26, 2106.

[172]) Abw. Nußbaum a. a. O.; Oertmann a. a. O.; Zeiler, DNotZ 1912, 65 ff. besonders 69.

gemäß Vereinbarung dem Treunehmer zukommt und nur zwecks Schuldtilgung verrechnet wird. Diese Verrechnung erfolgt aber nicht, weil der Treugeber jetzt aus seinem Vermögen zahlt, sondern weil das Geld aus dem für die Schuld zur Sicherheit gegebenen Eigentum des Treunehmers stammt.

b) Der Tatbestand der Kommission besteht im gewerbsmäßigen Verkauf im eignen Namen für Rechnung eines andern (HGB § 383).

Die Vertragsbestimmung, daß der Treugeber zum kommissionsweisen Verkauf des Treuguts berechtigt und daß er verpflichtet ist, den Erlös in seiner Gesamtheit jeweils unverzüglich an den Treunehmer abzuführen, genügt[173]). Statt Abführung des Kaufpreises genügt Abtretung des Anspruchs auf den Kaufpreis[171]). Die Abtretung kann vereinbarungsgemäß durch Übersendung von Rechnungsabschriften erklärt werden[171]). Kommission liegt z. B. vor, wenn der Treunehmer dem Treugeber nach Übereignung des Warenlagers und der Geschäftseinrichtung als seinen Verkäufer anstellt, ihn aber nach außen im eignen Namen handeln läßt. Irrig ist die Ansicht des Reichsgerichts, in diesem Fall liege nur kommissionsähnliches Rechtsgeschäft vor[174]), denn der ganze Tatbestand der Kommission liegt vor.

Es besteht kein Anlaß, die Kommission mit Überlassung der Preisbestimmung an den Treugeber für unzureichend zu erachten. Wenn der Treugeber nur die Verpflichtung hat, verkaufte Bestände zu ergänzen, ist es Tatfrage, ob ein Kommissionsverhältnis vorliegt[175]). Dasselbe gilt, wenn der Treugeber den nicht zur Bestandsergänzung verwendeten Erlös ganz oder teilweise an den Treunehmer abführen muß[175]). Nimmt man Kommission nicht an, so muß man einen Verwertungsvertrag eigner Art annehmen.

Die bloße Kommissionsklausel genügt nicht, wenn die Parteien im Einverständnis miteinander nicht nach ihr verfahren, wenn z. B. nie Rechnung gelegt, oder der Verkaufspreis nicht

---

[173]) RG 8. 11. 27 Bd. 118 S. 364; OLG Düsseldorf JW 26 2106.
[174]) RG. 6. 11. 08, Recht 1909 Nr. 73.
[175]) Schmidt-Rimpler, Das Kommissionsgeschäft, § 115b S. 524.

herausgegeben wird[175a]), ohne daß der Treunehmer versucht, seine angeblich vereinbarten Ansprüche durchzusetzen.

c) Die Kommission kommt vor allem vor bei der Sicherungsübereignung von Warenlagern[173]).

cc. Auch ein **kommissionsähnliches Rechtsverhältnis** genügt[176]).

Beim kommissionsähnlichen Rechtsverhältnis kann die Gewerbsmäßigkeit und damit der Provisionsanspruch fehlen. Ob die Gestattung langsamer Schuldabtragung (Stundung), die ja zweifellos einen geldwerten Vorteil darstellen kann, Provision sein kann, bedarf daher nicht der Entscheidung. Wahrscheinlich wäre die Frage auch zu verneinen, weil Stundung und Absatz nicht gleichgerichtet, sondern entgegengesetzt gerichtet sind. (Bei flottem Absatz ist das Stundungsinteresse gering; bei schleppendem Absatz ist es groß.) Verkauf für Rechnung des Treunehmers liegt insbesondere dann vor, wenn der Treugeber den Erlös oder auch nur den Überschuß des Verkaufspreises über den Gestehungspreis an den Treunehmer abführen muß. Es ist zwar richtig, daß diese Zahlungen wirtschaftlich Schuldtilgung sind, aber nicht richtig, daß Gewinn und Verlust der einzelnen Veräußerung nur das Vermögen des Treugebers treffen[177]). Weil Bargeld wertvoller als eine gleich hohe Forderung an den Treugeber ist, erhöht sich vielmehr das Vermögen des Treunehmers durch jede Rückzahlung.

Beim kommissionsähnlichen Rechtsverhältnis genügt es, wenn der Treugeber teilweise für Rechnung des Treunehmers verkauft, das heißt, vertragsmäßig einen Teil des Erlöses an diesen abführt.

D. Das der (dinglichen) Sicherungsübereignung gewöhnlich zugrunde liegende schuldrechtliche **Geschäft** ist kein wesentliches Erfordernis der Sicherungsübereignung, weil diese wie jedes andere dingliche Geschäft abstrakter Natur ist.

Immerhin ist es nicht ohne Bedeutung, weil es Rückschlüsse auf die Übereignung selbst zuläßt.

175a) Lehmann, Gläubigerschutz, S. 64.
176) Sättler, JW 1927 S. 2454; RG 6. 11. 08 Recht 09, Nr. 73.
177) Gegen Hoeniger S. 82.

1. Aus der **mangelnden Ernstlichkeit** des Grundgeschäfts kann, muß aber nicht, auf mangelnde Ernstlichkeit des Erfüllungsgeschäfts geschlossen werden.

a. **Häufig** wird sich aus einer Simulation die Folgerung ergeben, daß ein Übereignungswille überhaupt nicht vorhanden war[178]). Strenge Bestimmungen im Vertrag für den Fall des Verzugs des Treugebers in der Zahlung sprechen eher für die Ernstlichkeit als für die Scheinnatur der Sicherungsübereignung[179]).

Gegen die Ernstlichkeit spricht es, wenn einem Vertragsteil das Recht zugesprochen wird, willkürlich vom Vertrag wieder abgehen zu dürfen[180]).

Die Abrede, daß der Treugeber die Kosten ungünstiger Widerspruchsprozesse tragen müsse, spricht nicht gegen die Ernstlichkeit der Sicherheitsübereignung.

Mangelnde Ernstlichkeit des Grundgeschäfts hat die Nichtigkeit der Übereignung nicht zur Folge, wenn trotzdem die Ernsthaftigkeit der Übereignung festgestellt werden kann[181]). Simulieren eines Grundgeschäfts schadet nichts, wenn ein anderes Grundgeschäft verdeckt wird. (Statt der gewollten Schenkung darf Kauf erklärt werden.) Immerhin erschwert jede falsche Erklärung die Beweisbarkeit der gewollten Abrede.

b. Das Grundgeschäft ist gewöhnlich reine Verpflichtung zur Sicherungsübereignung[182]), bei der die gesicherte Forderung richtig bezeichnet wird, oder **Sicherungskauf**, bei dem die gesicherte Forderung durch den Kaufpreis anscheinend ausgeglichen wird.

aa. Der Sicherungskauf ist ein wirklicher Kauf[183]), durch den der Treugeber dem Treunehmer das Treugut zum Sicherungskaufpreis zu den Sicherungskaufbedingungen verkauft.

Vereinbaren die Parteien für das Treugut keinen festen Kaufpreis, so ist der Sicherungskauf meist ungültig. Gewöhnlich

---

178) Staudinger, § 930, Anm. 3c.
179) RG Bd. 62 S. 129.
180) Staudinger, § 929, Anm. VIII 2b.
181) RG 1. 12. 10 JW 1911 S. 181—5.
182) RG Bd. 59 S. 147.
183) Staub-Koenige vor § 373 Anm. 51.

wird ein Kaufpreis vereinbart, der unter dem Wert des Treugutes liegt. Das ist zulässig. Wenn der Preis offenbar hinter dem wahren Wert des Treuguts erheblich zurückbleibt, kann das ein bemerkenswerter Anhaltspunkt für das Fehlen eines ernstlichen Übereignungswillens sein[180]). Hallbauer hält einen Sicherungskauf, bei dem Maschinen im Wert von 50 000 RM. um 20 000 RM. verkauft werden, für widersinnig[184]). Das Reichsgericht ist dagegen der Ansicht, daß ein erheblich unter dem Sachwert liegender Kaufpreis für die Frage des Scheingeschäfts nicht von durchgreifender Bedeutung ist, weil der Treugeber kraft der Rückübertragungsklausel die Sachen gegen Rückzahlung der Kaufsumme zurückerwerben kann und soll[185]). Ich halte die Ansicht des Reichsgerichts für richtig. Erst wenn der Kaufpreis unter dem Betrag liegt, den der Treunehmer durch Verkauf des Treuguts jederzeit erzielen kann, halte ich den Sicherungskauf für nichtig. Oft aber kann der Treunehmer nur $^1/_{10}$ des Wertes erzielen. — Der Kaufpreis wird entweder ausgezahlt oder auf die zu sichernde Forderung verrechnet. Durch die Aufrechnung wird die gesicherte Forderung getilgt. Infolgedessen erlöschen Bürgschaften und andere Sicherheiten. Darin liegt der Unterschied von der Sicherungsübereignung[183]).

Der Sicherungskauf wird entweder mit der Abrede geschlossen, daß der Kauf auflösend bedingt sein soll durch das Bestehen der gesicherten Forderung, oder daß der Treunehmer verpflichtet sein soll, das Treugut nach Erlöschen der gesicherten Forderung an den Treugeber zurückzuverkaufen (Rückkaufsrecht). Die Vereinbarung einer Rückkaufspflicht steht der Wirksamkeit der Übereignung nicht entgegen[186]).

bb. Die **Wirksamkeit** des Sicherungskaufs bedarf besonders sorgfältiger Prüfung.

Er ist immer unnatürlich geblieben[187]). Ein nach seinen Einzelbestimmungen fragwürdiges Rückkaufsrecht spricht gegen die Ernstlichkeit der Übereignung[188]).

---

[184]) BankArch 1909 Nr. 21.
[185]) RG Bd. 62 S. 129.
[186]) RG JW 1904 S. 355; abw. Staudinger, § 929 Anm. VIII 2b.
[187]) Rozumek, Das Kreditgeschäft im Bankbetrieb, 6. Aufl., S. 263.
[188]) Staudinger, § 929, Anm. VIII 2b.

Denkbar ist der Sicherungskauf bei Sachen aller Art, nicht nur bei Gebrauchssachen, sondern auch bei Waren, die zum Verkauf oder zur Verarbeitung bestimmt sind und in ihrem Bestand wechseln[189]).

Wenn die Parteien von Sicherungskauf sprechen, wollen sie gewöhnlich nur reine Sicherungsübereignung[190]). Das gilt vor allem, wenn im Sicherungskaufvertrag nichts über die Kaufpreisbelegung gesagt ist, oder wenn Aufrechnung des Kaufpreises gegen die in Wahrheit zu sichernde Forderung erklärt ist, obwohl die Parteien darüber einig sind, daß die alte Forderung fortbestehen und eine neue Kaufpreisforderung nicht einmal durch Novation entstehen soll. Wenn die Aufrechnung wirklich gewollt und erklärt ist, liegt wirklicher Sicherungskauf vor[191]). Beim Sicherungskauf kann viel leichter als bei der reinen Verpflichtung zur Sicherungsübereignung eine verschleierte Verpfändung angenommen werden, und diese für ungültig erklärt werden, weil der Treunehmer nicht den Besitz erhalten hat.

Die Ernstlichkeit des Kaufs ist von Bedeutung, wenn der Treunehmer sich befriedigen will. Beim Sicherungskauf ist sein Anspruch in Höhe des Kaufpreises ohne Rücksicht auf den Wert der Sache getilgt. Sonst hängt die Tilgung vom Erlös ab, den die Sache ihm bringt[192]).

Ein Bedürfnis nach Anwendung des Sicherungskaufs besteht wohl nie. Man sollte immer die reine Sicherungsübereignung wählen.

2. Die Abrede, daß der Treugeber die übereigneten Sachen **verbrauchen** dürfe, schließt die Sicherungsübereignung nicht aus, wenn trotzdem für den Treunehmer eine Sicherheit bleibt. Die Sicherheit kann in der Zugriffsmöglichkeit in der Zeit bis zum Verbrauch liegen.

3. Es ist immer zweckmäßig, Abmachungen für den Fall zu treffen, daß der Sicherungszweck sich **nicht** durch Tilgung der ge-

---

[189]) Abw. Rozumek, a. a. O. S. 264.
[190]) Weinhausen S. 53.
[191]) Weinhausen S. 54.
[192]) Weinhausen S. 54.

sicherten Forderung erledigt. Vereinbart wird meist, daß der Treunehmer vom Treugeber Herausgabe und Verwertung der Sache nur unter besondern Umständen, vor allem im Fall des Zahlungsverzugs, verlangen kann. Es kann aber auch vereinbart werden, daß das Treugut dem Treunehmer endgültig verfallen soll, wenn die Forderung bei Fälligkeit nicht bezahlt wird[193]).

E. Die Sicherungsübereignung erfolgt zur Sicherung einer **Forderung.**

1. Die Forderung ist daher von **Bedeutung** für die Sicherungsübereignung.

a. Weil die Übereignung als dingliches Geschäft abstrakt ist, ist ihre Wirksamkeit grundsätzlich unabhängig vom **Bestand** der gesicherten **Forderung.**

Wie das Grundgeschäft, so ist aber auch die Forderung nicht ohne Bedeutung für den Bestand der Sicherungsübereignung. Wenn die gesicherte Forderung gegen die guten Sitten verstößt, so ist die Übereignung nichtig[194]). Das gilt auch für die wucherische Forderung[195]) und für die vom Recht mißbilligte erfüllbare klaglose Verbindlichkeit (Naturalobligation)[196]). Wenn die angeblich gesicherte Forderung nicht besteht (z. B. das Darlehn nicht gegeben ist), so kann daraus die mangelnde Ernstlichkeit auch des dinglichen Vertrags hervorgehen[197]). Wenn die Vertragsschließenden wußten, daß die gesicherte Forderung nicht bestand, und die Übereignung auch nicht für den Fall erfolgt, daß die Forderung zur Entstehung gelangt, so wird im allgemeinen anzunehmen sein, daß die Übereignung ernstlich gewollt ist. Wenn die Parteien es nicht wußten, wird im allgemeinen anzunehmen sein, daß sie sie nicht ernstlich wollten. Selbstverständlich wird der Bestand der Sicherungsübereignung dadurch nicht berührt, daß die gesicherte Forderung eine zukünftige Forderung ist[198]).

---

[193]) Weinhausen S. 60; RG Bd. 83 S. 53; OLG Düsseldorf 15. 10. 08 OLGR 20 S. 69; abw. Staub, § 368, Anm. 99.

[194]) OLG Dresden, Sächs. Archiv 1910, 178.

[195]) RG Bd. 95 S. 245 mit Nachweisen.

[196]) So Weinhausen für Ehemäklerlohn und Spielschuld, S. 63.

[197]) RG Bd. 59 S. 148.

[198]) RG Recht 1909—1324.

b. Die **Art** der Forderung ist gleichgültig.

Bedingte, künftig entstehende, in ihrem Bestand wechselnde Forderungen, der jeweilige Kredit können durch Sicherungsübereignung gesichert werden[199]).

c. Auffällige Überwertigkeit des Treuguts gegenüber dem **Betrag** der gesicherten Forderung spricht gegen die Ernstlichkeit[200]). Weil aber das Treugut bei der Verwertung oft nur einen Bruchteil seines Werts erbringt und auch die Kosten der Verwertung, namentlich bei kleinern Werten, häufig einen erheblichen Bruchteil des Werts verschlingen, wird man je nach den Umständen ein auffälliges Mißverhältnis auch dann nicht immer feststellen können, wenn der Wert des Treuguts den Betrag der Forderung um ein Mehrfaches übersteigt. So kann durchaus nichts dabei gefunden werden, wenn ein Gläubiger sich für ein Darlehn von RM. 25 000 eine Fabrikeinrichtung von RM. 75 000 sicherheitshalber übereignen läßt[201]).

2. Die **Sicherungsübereignung** hat keinen Einfluß auf die Forderung.

Der Treugeber bleibt Schuldner. Der Treunehmer bleibt Gläubiger. Die Kündigungs-, Verzinsungs- und sonstigen Bedingungen bleiben unverändert[202]).

III. Die Rechtsfolgen der Sicherungsübereignung.

A. Die erste Folge der Sicherungsübereignung ist **der Eigentumsübergang.**

1. Die schuldrechtlichen Beziehungen der Parteien geben **dem Eigentum** des Treunehmers keinen andern Inhalt als dem gewöhnlichen Eigentum.

a. Eigentum ist und bleibt Eigentum im Sinn von BGB § 903 wie jedes andern Eigentum. Häufig findet sich allerdings der Ausdruck, der Treunehmer erlange nur formelles Eigentum, das materielle, das wirtschaftliche Eigentum verbleibe beim

---

199) Rozumek, Das Kreditgeschäft im Bankbetrieb, S. 263.
200) Lehmann, Gläubigerschutz, S. 64; Staudinger, § 929, Anm. VIIIe.
201) Rozumek, a. a. O. S. 263.
202) Rozumek, a. a. O. S. 262.

Treugeber; die an sich mit dem Eigentum verbundenen Rechte und Pflichten seien für den Treunehmer beschränkt[202a]). Das ist bedenklich. Das **einzige Eigentum,** das das BGB. kennt, geht auf den Treunehmer über[203]).

Der Treunehmer hat unbeschränkt alle Rechte und Pflichten des Eigentümers. Nur ist er dem Treugeber gegenüber verpflichtet, gewisse Rechte nicht auszuüben (z. B. das Treugut nicht zwecklos zu zerstören) und berechtigt, vom Treugeber die Erfüllung gewisser Pflichten zu verlangen, die an sich dem Eigentümer obliegen (z. B. feuersichere Aufbewahrung explosiver Sachen).

b. Weil der Treunehmer Eigentum erwirbt, erlangt er ein die Veräußerung hinderndes Recht im Sinn von ZPO § 771 = RAO § 80 = Danziger Steuergrundgesetz § 60. Der Treunehmer kann als **Eigentümer Dritten gegenüber die Widerspruchsklage erheben.** Das ist heute allgemein anerkannt[204]).

Eine abweichende Meinung äußert vereinzelt Brons[205]) dahin, die Sicherungsübereignung schaffe ein Widerspruchsrecht nur, wenn die Sache nicht nur Eigentum, sondern auch „Hab und Gut" des Treunehmers geworden sei. Was „Hab und Gut" ist, sagt er nicht. Wenn eine Sache aber trotz Sicherungsübereignung im Vermögen des Treunehmers verblieben sei (wann dieser Fall vorliegt, sagt Brons nicht), hat der Treunehmer nach Ansicht von Brons nur den Anspruch auf vorzugsweise Befriedigung, nicht die Widerspruchsklage. Diese Gedanken sind abzulehnen, weil die Rechtsbegriffe „Eigentum" und „Hab und Gut" die gleichen sind, und weil die Rechtsbeziehungen des Treuguts zum Vermögen des Treugebers und zum Vermögen des Treunehmers bei allen Sicherungsübereignungen dieselben sind.

Im übrigen besteht Einigkeit darüber, daß der Treugeber nicht genötigt ist, sich mit vorzugsweiser Befriedigung abzu-

---

[202a]) Rozumek a. a. O. S. 265.

[203]) RG Bd. 99. S. 143 für Forderungsabtretung ausgesprochen; Kommentar von Reichsgerichtsräten § 930 Anm. 6 Abs. 2.

[204]) Stein-Jonas, § 771, Bem. II 1a zu Note 37b; Kann, § 771, Bem. 3b m. N.; Rosenberg, Lehrbuch des deutschen Zivilprozeßrechts 1927 S. 589; zuletzt Lehmann, Gläubigerschutz, S. 63; Weinhausen, Sicherungsübereignung, S. 100.

[205]) JW 1928 S. 1785.

finden[206]). Das gilt auch, wenn das Eigentum auflösend bedingt, die Bedingung aber noch nicht eingetreten ist[207]).

Diese anerkannte Rechtslage ist auch wirtschaftlich zweckmäßig. In der Versteigerung gehen die Sachen oft unter Wert weg. Könnte jeder Gläubiger das Treugut nach Willkür versteigern lassen, so würde oft der Erlös nicht ausreichen, um auch nur die Forderung des Treunehmers zu decken; der Gläubiger erhielte alsdann nichts. Der vorsichtige Treunehmer wird Art und Zeit der Verwertung des Treuguts ohne Rücksicht auf andere Gläubiger möglichst zweckmäßig bestimmen und so auch zwangsläufig deren Interesse wahren[208]). Sobald der Treunehmer wegen der durch die Übereignung gesicherten Forderung befriedigt ist, entfällt sein Widerspruchsrecht, weil er das Eigentum am Treugut verloren hat oder doch auf jederzeitiges Verlangen an den Treugeber zurückgeben muß, er also kein Rechtsschutzbedürfnis mehr hat.

2. Die Sicherungsübereignung ist auch **Veräußerung** im Sinn von § 71 des Versicherungsvertragsgesetzes; muß also unverzüglich dem Versicherer angezeigt werden, andernfalls wird dieser von der Verpflichtung zur Leistung frei[209]). Der Versicherer wird nicht frei, wenn die Nichterstattung der Anzeige unverschuldet ist (VVG § 6)[210]). Gerhard wendet dagegen ein, VVG § 6 gelte nur bei Nichtbeachtung vertraglicher Anzeigepflichten[211]). Indes wird in dem entschiedenen Fall die Pflicht zur Anzeige der Veräußerung wie üblich durch Wiederholung in den Allgemeinen Versicherungsbedingungen auch zur Vertragspflicht gemacht sein, wenn man nicht überhaupt jede gesetzliche Verpflichtung des Versicherungsnehmers als Vertragspflicht im Sinn von VVG § 6 ansehen will. Gerhard[212]) wendet sich auch gegen die Ansicht des Reichsgerichts[213]), daß die Unterlassung der An-

---

[206]) Stein-Jonas, ZPO § 771, Anm. 19; Förster-Kann, § 771, Anm. 3b; abw. nur Soergel, § 930, Anm. 5a.

[207]) Weinhausen S. 100.

[208]) KG JW 28—971.

[209]) ROHG Bd. 25 S. 40; RG Bd. 73 S. 141; RG Bd. 117 S. 272.

[210]) RG Bd. 117 S. 272.

[211]) JW 1927—2800.

[212]) A. a. O.

[213]) Bd. 117 S. 272.

zeige unverschuldet sei, wenn sie auf der Auskunft eines Rechtsanwalts beruhe, der sich häufig mit Sicherungsübereignung von Warenlagern befaßt. Indes wird man das Vertrauen in eine solche Auskunft als schuldlos anerkennen müssen, wenn es sich nicht um ein großes Unternehmen handelt, das nach seiner Stellung im Wirtschaftsleben selbst verpflichtet ist, die hier bedeutsame Rechtsnorm zu kennen.

3. Nord[214]) zweifelt daran, daß auch die **übermäßige Sicherungsübereignung** volles Eigentum überträgt.

Er meint, daß der Treugeber Rechte dinglicher Art am Wert des Treuguts behält, wenn der Wert des Treuguts den Betrag der gesicherten Forderung übersteigt. Das ist schon deshalb unrichtig, weil das deutsche Recht nur eine geschlossene Zahl dinglicher Rechte kennt, alle diese Rechte aber an Sachen oder Rechten bestehen, es also kein dingliches Recht am Wert einer Sache oder einer Sachmehrheit gibt. Die von Nord als zustimmend aufgeführten Urteile des Reichsgerichts stimmen ihm nicht zu. RG Bd. 84 S. 218 behandelt kein Eigentum, sondern das Gläubigerrecht an einer Hypothek. RG Bd. 91 S. 12 spricht aus, daß KO §§ 1 und 63 nicht das Eigentum, sondern die wirtschaftliche Zugehörigkeit der Sache meinen. RG Bd. 94 S. 30 ist ein Druckfehler, denn dort wird keine einschlägige Frage behandelt.

4. Auch **dem Steuergläubiger gegenüber** gilt kein Sonderrecht.

a. Indes hat der Reichsfinanzhof in einem viel umstrittenen Gutachten[215]) die **Meinung** vertreten, dem Steuergläubiger gegenüber schaffe die Sicherungsübereignung kein die Veräußerung hinderndes Recht, sondern wirke nur wie eine Verpfändung, so daß der Treunehmer die Verwertung des Treuguts dulden müsse und auf Grund entsprechender Anwendung des § 319 RAO nur vorzugsweise Befriedigung aus dem Erlös verlangen könne.

Dagegen wird ein die Veräußerung hinderndes Recht von der Mehrheit angenommen[216]).

---

[214]) JR 27—590.

[215]) 8. 6. 26 Bd. 19 S. 126 = RStBl. 1926 S. 217.

[216]) Karl Becker, DStBl. 1927—271; Boethke bei Strutz, Handbuch des Steuerrechts, 3. Auflage, S. 117; Braitinger, JW 1925 S. 2425; Johannes Fuchs, JW 1928 S. 243; Jahn, JW 1926 S. 1659; Koch,

Nur eine Minderheit nimmt an, daß dem Treunehmer gegen den Steuergläubiger nur ein Recht auf vorzugsweise Befriedigung zusteht[217]).

b. Die Begründung der letzten Ansicht geht zunächst davon aus, daß die Sicherungsübereignung einem ähnlichen Zweck diene wie die Verpfändung, und bei Auslegung der Steuergesetze ihre **wirtschaftliche Bedeutung** zu berücksichtigen sei (RAO § 4). Für das materielle Steuerrecht ist diese Begründung richtig, weil der Wert des Treuguts wirtschaftlich zum Vermögen des Treugebers gehört; für das formelle Steuerrecht ist sie falsch, weil der Treunehmer auch dem Steuergläubiger gegenüber den Zeitpunkt der Verwertung des Treuguts frei bestimmen will[218]). Das führt dazu, daß bei der Steuerveranlagung das Treugut dem Treugeber zugerechnet wird[219]).

Es darf aber nicht dazu führen, dem Steuergläubiger die Zwangsvollstreckung in das Treugut zu ermöglichen[219a]). W. Becker tut das aber mit der Erwägung, Zweck der Sicherungsübereignung sei Sicherung, darum genüge die vorzugsweise Befriedigung[220]). Diese Erwägung könnte man auch gegenüber dem Privatgläubiger anstellen; sie kann also ein Sonderrecht des Steuergläubigers nicht begründen.

RAO § 4 gilt nicht für die Auslegung der Reichsabgabenordnung, sondern nur für die Auslegung der Steuergesetze,

---

Bankarchiv 1925—428; Liebisch, JW 1928 S. 946; Pape, DStZ 1926—967; Senf, Mitt. Steuer-Stelle R.Verb.D.Ind. 1927—122; Zoellner, StA 1927—16; Kommentar von Reichsgerichtsräten, § 930, Anm. 6; KG JW 28—971; OLG Frankfurt/Main, JW 1927 S. 1766; JW 28—2158; OLG Hamburg, JW 28—972; OLG München, JW 1928—244; Obergericht Danzig, JW 1927 S. 717; LG III Berlin, JW 1927 S. 1774; LG Cleve, JW 1927 S. 1775; LG Erfurt, JW 1928—248.

[217]) Enno Becker, Die Reichsabgabenordnung, 6. Auflage, § 301 Bem. 1, Steuer und Wirtschaft, 1926—1158, 1374; Braitinger, JW 1926 S. 2310 unter stillschweigender Aufgabe seiner früher entgegengesetzten Ansicht; Delgmann, JW 1925 S. 1982; Friesecke, JW 1926 S. 2124; Joeniger, JW 1927 S. 718; Lewin, Mitt. St.-Stelle R.Verb.-D.Ind. 1926—456; Pachmayr, StuW 1926—1214; OLG Königsberg, JW 1928 S. 243.

[218]) OLG Frankfurt/Main, JW 28—2158.

[219]) KG JW 28—971.

[219a]) OLG Hamburg JW 28—972.

[220]) JW 1928 S. 245.

deren Mantelgesetz die Reichsabgabenordnung ist[221]), ist also hier unanwendbar, weil kein Steuergesetz im Sinn von RAO § 4 besteht, um dessen Auslegung es sich im Verhältnis des Steuergläubigers zum Treunehmer handeln könnte.

c. Man begründet die Sonderstellung des Steuergläubigers auch mit der Vorschrift, daß im Sinn der Steuergesetze der **Eigenbesitzer wie ein Eigentümer** zu behandeln ist (RAO § 80 = Danziger Steuergrundgesetz § 60)[222]).

aa. Diese Vorschrift bestimmt zunächst für **die Steuerveranlagung,** daß das steuerrechtliche Eigentum sich mit dem bürgerlich-rechtlichen nicht deckt[223]). Sie hat gerade die Sicherungsübereignung im Auge. Das ergibt sich klar aus der Entstehungsgeschichte[224]). Es ist allgemein anerkannt, daß das Treugut nach materiellem Steuerrecht beim Treugeber zu veranlagen ist[225]), weil übersehen wird, daß der Treugeber nicht Eigenbesitzer, sondern Fremdbesitzer ist[226]). Bei den Beratungen war man sich darüber einig, daß die gewählte Gesetzesform dazu führen würde, daß der Treugeber zur Steuer veranlagt, jedoch der Treunehmer nicht mit der Vollstreckung in das Treugut bedroht werden würde[227]).

bb. Man meint nun, die auf RAO § 80 beruhende Zurechnung des Treuguts zum Vermögen des Treugebers könne nicht auf die Steuerveranlagung beschränkt sein, sondern gelte für das gesamte Steuerrecht, und somit auch für das **Beitreibungsverfahren**[228]). Es könne nicht Absicht des Gesetzgebers gewesen sein, die Festsetzung der Steuerschuld gegen den Treugeber zuzulassen,

---

221) LG Erfurt, JW 1928 S. 248.

222) RFH Bd. 19 S. 126.

223) RFH Bd. 19 S. 126.

224) Bericht des 11. Ausschusses über den Entwurf einer Reichsabgabenordnung, Drucksachen der verfassunggebenden Nationalversammlung Nr. 1460, S. 1387, 1392, 1393.

225) Enno Becker, § 80 Anm. 1; Johannes Fuchs, JW 1928 S. 243; Hoeniger, JW 1927 S. 627; Mrozek S. 349; DStZtg 1926 S. 533 Nr. 185; Gutachten im RZollBl 1926—132.

226) OLG Frankfurt/Main, JW 28—2158.

227) OLG Frankfurt/Main, JW 28—2158.

228) W. Becker, JW 1928 S. 244; RFH Bd. 19 S. 126; OLG Königsberg, JW 1928—243; Enno Becker, StuW 26—1158; Hoeniger, JW 1927—718; abw. KG JW 28—971; OLG Frankfurt/Main, JW 28—2158.

zugleich aber die Beitreibung wegen dieses Steueranspruchs in die Sachen, deretwegen der Anspruch entstanden ist, zu versagen[229]).

Aber die Reichsabgabenordnung hat keinen besonderen steuerrechtlichen Eigentumsbegriff eingeführt[230]). Auch gilt RAO § 80 ebenfalls nicht für die RAO selbst, sondern für die Steuergesetze, deren Mantelgesetz die Reichsabgabenordnung ist[231]). Die Stellung von RAO § 80 in dem mit „Besteuerung" überschriebenen II. Teil der Reichsabgabenordnung und dort wieder unter den Vorschriften des I. Abschnitts II. Teil, die die Entstehung und Fälligkeit des Steueranspruchs behandeln, zeigt, daß sie nur für die Steuerveranlagung gilt[232]).

cc. RAO § 80 gilt daher nur für das Verhältnis zwischen Steuergläubiger und Steuerschuldner, nicht auch für das Verhältnis zwischen Steuergläubiger und **Dritten**[233]).

Die Entstehungsgeschichte zeigt, daß RAO § 80 Dritten gegenüber auch nicht entsprechend anwendbar ist[233a]).

d. Der Reichsfinanzhof beruft sich zur Stütze seiner Ansicht sogar auf den die **Widerspruchsklage** gebenden § 301 RAO selbst, indem er ausführt, diese Vorschrift sei nicht nach formalrechtlichen, sondern nach wirtschaftlichen Gesichtspunkten auszulegen[234]). Indes gibt RAO § 301 wie ZPO § 771 gar keinen materiell-rechtlichen Anspruch, sondern bestimmt nur, daß der bezeichnete Anspruch, wenn er besteht, durch Klage geltend gemacht werden muß[235]).

e. Am meisten beachtlich ist noch die Erwägung, die Besonderheit des steuerrechtlichen Eigentums müsse im Interesse der **Einheitlichkeit der Steuerrechtsgrundsätze** auch in der Zwangs-

---

[229]) RFH Bd. 19 S. 126.
[230]) OLG München, JW 1928 S. 245.
[231]) LG Erfurt, JW 1928 S. 248.
[232]) Pape, DStZ 1926—967; OLG München, JW 28—244.
[233]) Braitinger, JW 1925 S. 2425; Jahn, JW 1926 S. 1659; Liebisch, JW 1928 S. 948; KG JW 28—971; OLG Frankfurt/Main, JW 1927 S. 1766.
[233a]) KG JW 1928 S. 972.
[234]) Bd. 19 S. 126.
[235]) Liebisch, JW 1928 S. 947.

vollstreckung berücksichtigt werden[236]). Daraus zieht man den Schluß, daß RAO §§ 4 und 80 auch für das Verhältnis zwischen Steuergläubiger und -schuldner gelten[237]).

Auch dem darf man aber nicht folgen. Aus einer Bestimmung, die nur vorschreibt, daß ein Wert dem Steuerschuldner bei der Veranlagung zugerechnet werde, folgt nicht, daß dieser Wert auch dem zwangsweisen Zugriff wegen der veranlagten Steuer unterliege[238]). Das Steuergesetz muß das Treugut für die Veranlagung dem Treugeber zurechnen, weil diesem der Wertüberschuß wirtschaftlich gehört. Es braucht aber die Vollstreckungsmöglichkeit des Steuergläubigers gegenüber der des Privatgläubigers nicht zu erweitern: Die Beitreibung der Steuern ist nicht allgemein schon deshalb gefährdet, weil der Zugriff nicht auf das Treugut genommen werden kann, sondern auf andere Gegenstände beschränkt ist[239]). Wenn das nicht übereignete pfändbare Vermögen des Treugebers die Steuerschuld deckt, kann es dem Steuergläubiger gleichgültig sein, aus welchen Vermögensstücken des Treugebers dessen Steuerschuld beigetrieben werden kann. Bei Unzulänglichkeit des nicht übereigneten Vermögens des Treugebers kann auch der Steuergläubiger die Eröffnung des Konkurses über das Vermögen des Treugebers beantragen und sich so den Zugriff auf den Überschuß des Werts des Treuguts über den Betrag der Schuld des Treugebers verschaffen. Mehr erhält er nie.

f. Für die Vollstreckung des Steueranspruchs bestehen überhaupt keine **Sondervorschriften**[240]). Infolgedessen gilt für den Steuergläubiger kein Sonderrecht.

g. Auch wer das Aussonderungsrecht gegenüber dem Steuergläubiger im allgemeinen versagt, gewährt es wenigstens für den Fall, daß der Treunehmer den **unmittelbaren Besitz** erlangt hat[241]).

---

[236]) Friesecke, JW 1926 S. 2125.

[237]) OLG Königsberg, JW 28—243.

[238]) Obergericht Danzig, JW 27—717; LG III Berlin, JW 1927 S. 1774; LG Cleve, JW 1927—1775.

[239]) OLG Frankfurt/Main, JW 28—2158.

[240]) Braitinger, JW 25 S. 2425.

[241]) Friesecke, JW 1926 S. 537.

5. **Im Konkurs** ist die treuhänderische Gebundenheit des Treuguts von Bedeutung.

Für die Frage, ob ein Vermögensgegenstand im Sinn der §§ 1 und 43 KO zur Zeit der Eröffnung des Verfahrens dem Gemeinschuldner und damit zur Konkursmasse „gehört", ist nicht unbedingt maßgebend, ob die Sache im Eigentum des Gemeinschuldners steht. Das Reichsgericht hat in ständiger Rechtsprechung angenommen, daß ein Aussonderungsanspruch hinsichtlich solcher Vermögensgegenstände bestehe, die im Eigentum des Gemeinschuldners stehen, wirtschaftlich aber nicht zu seinem Vermögen gehören, sondern ihm nur auf Grund eines fiduziarischen Verhältnisses als Treuhänder für einen andern von diesem übereignet worden sind. Es beruht auf dem gleichen Rechtsgedanken, daß auch außerhalb eines Konkursverfahrens im Fall des Bestehens eines solchen Treuhandverhältnisses der Treugeber der Pfändung des Treuguts durch einen Gläubiger durch Widerspruchsklage entgegentreten kann[242]).

Im Konkurs des Treunehmers ist der Verwalter zur Herausgabe des Treuguts nur gegen Zahlung der gesicherten Forderung verpflichtet. Das gilt auch, wenn dem Treunehmer ein Orderpapier zum Zweck der Sicherungsübereignung indossiert ist[243]).

Das Reichsgericht hat ferner wiederholt ausgesprochen, daß anderseits auch ein von dem Gemeinschuldner einem andern zu treuen Händen, namentlich zur Sicherung einer Forderung, übereigneter Vermögensgegenstand materiell und wirtschaftlich zum Vermögen des Gemeinschuldners gehört und somit Bestandteil der Konkursmasse ist[244]). Der Treunehmer hat dann nur die Rechte eines Pfandgläubigers[245]). Er hat in der Regel also nur ein Absonderungs-, kein Aussonderungsrecht[246]). Der Treu-

---

[242]) RG 10. 10. 17 Bd. 91 S. 14.
[243]) Staub-Koenige, § 368 Anm. 112.
[244]) RG 10. 10. 17 Bd. 91 S. 15.
[245]) Staub-Koenige § 368 Anm. 111.
[246]) RG 2. 2. 89 Bd. 24 S. 45; 10. 10. 17 Bd. 91 S. 15; 26. 11. 17 Bd. 91 S. 277; 14. 10. 27 Bd. 118 S. 209; Jaeger, Konkursordnung, 5. Auflage, § 148 Anm. 13; Mentzel, Konkursordnung, § 48, Anm. 13; Staub-Koenige, § 368 Anm. 111 mit Nachweisen.

nehmer kann die Konkursmasse nur für den Ausfall in Anspruch nehmen. Dabei ist er einfacher Konkursgläubiger[247]). Wenn er sich an der Abstimmung über einen Zwangsvergleich beteiligt und dabei sein Absonderungsrecht verschweigt, gilt es so, als verzichte er auf sein Absonderungsrecht und sein Eigentum und unterwerfe sich dem Zwangsvergleich[248]).

6. Die Sicherungsübereignung für sich **allein begründet keine Umsatzsteuerpflicht**[249]). Jedoch besteht die Umsatzsteuerpflicht, wenn der Treunehmer berechtigt ist, das Treugut an Zahlungs Statt zu übernehmen, und er dies Recht ausübt[250]).

B. Weil der Treunehmer Eigentümer ist, hat er gegen den Treugeber den **Anspruch auf Herausgabe** des Treuguts. Über die Fälligkeit dieses Anspruchs bestimmt in erster Linie die Parteiabrede. Es kann bestimmt werden, daß unpünktliche Schuldtilgung den Herausgabeanspruch fällig macht[251]). Meist wird bestimmt, daß der Anspruch nur fällig wird, wenn der Treugeber mit irgendwelchen Leistungen in Rückstand kommt. Die Ansicht Weinhausens, daß unter allen Umständen die Fälligkeit nur bei Säumnis des Treugebers eintritt[252]), geht zu weit. Es ist möglich, daß der Treunehmer sich jederzeitige Geltendmachung des Herausgabeanspruchs ausbedingt.

C. Zu vielen Rechtsstreitigkeiten führen die **persönlichen Ansprüche** zwischen dem **Treunehmer** und andern Gläubigern des Treugebers.

1. Die Sicherungsübereignung kann **Rechte Dritter gegen den Treunehmer** begründen.

a. Wenn das Treugut das **Vermögen gemäß BGB § 419 darstellt,** so haftet der Treunehmer jedem Gläubiger gemäß BGB § 419 mit dem Bestand des Treuguts.

---

[247]) Staub-Koenige, § 368 Anm. 111.

[248]) Staub-Koenige, § 368 Anm. 111 mit Nachweisen, Näheres daselbst.

[249]) RFH 21. 6. 22 RStBl. 351; 7. 10. 25 RStBl. 211; 8. 6. 26 JW 1928 S. 1619; Freiherr Roederer von Paar, JW 1928—1619.

[250]) RFH 21. 6. 22 RStBl. 351.

[251]) OLG Posen, Posener Monatsschr. 1915, 59.

[252]) S. 60.

aa. **Der Tatbestand der Vermögensübernahme** besteht in Übertragung des Vermögens im ganzen oder zu einem Bruchteil oder im wirksamen Versprechen solcher Übertragung[253]). Unter Vermögen ist hier das Aktivvermögen zu verstehen[254]).

Vermögensübernahme liegt vermutlich vor, wenn ein Kaufmann sein Warenlager, seine Außenstände und seine Geschäftseinrichtung übereignet. Sie wird nicht dadurch ausgeschlossen, daß der Treugeber einzelne, im Verhältnis zum ganzen unbedeutende, Vermögensstücke behält. Unbedeutend in diesem Sinn sind vor allem die der Zwangsvollstreckung nicht unterliegenden Vermögensstücke[255]).

Bewußtsein der Beteiligten, daß die übereigneten Vermögensgegenstände tatsächlich das ganze Vermögen des Veräußerers ausmachen, ist nicht erforderlich[256]).

Daß die Vermögensübernahme durch einen einzigen Vertrag erfolgt, ist nicht erforderlich. Es genügt der Abschluß mehrerer, tatsächlich auf Übertragung des gesamten Vermögens gerichteten Verträge zwischen denselben Personen[257]).

bb. Liegt der Tatbestand des BGB § 419 vor, so **hat das zur Rechtsfolge**, daß der Treunehmer gegen Pfändung des Treuguts Widerspruch nicht erheben darf, weil der Gläubiger gegen ihn Anspruch auf Duldung der Zwangsvollstreckung hat[258]). Wenn der Widersprechende sich die seinen Widerspruch begründende Rechtsstellung (z. B. das Eigentum) arglistig verschafft hat, dann kann auch das seiner Widerspruchsklage entgegengehalten werden[259]).

Sättler meint, der Treunehmer sei zur Duldung der Zwangsvollstreckung erst verpflichtet, wenn gegen ihn ein Duldungstitel vorliege[260]). Das ist irrig. Sättler verwechselt die materiell-

---

[253]) Kommentar von Reichsgerichtsräten, § 419 Anm. 1.

[254]) RG Bd. 69 S. 285 und 416.

[255]) RG Bd. 69 S. 419; Bd. 80 S. 260; 6. 2. 28 JW 1928—1345.

[256]) RG Bd. 85 S. 169; Bd. 76 S. 4; Bd. 69 S. 420.

[257]) RG Bd. 65 S. 171; 6. 2. 28 JW 1928—1345.

[258]) RG 12. 1. 12 JW 1912—348—12; JW 1912 S. 337; OLG Rsp. 29—193; Förster-Kann, ZPO § 771 Anm. 2a; RG Warneyer 1912 Nr. 158.

[259]) RG Bd. 70 S. 193.

[260]) JW 1927 S. 2453.

rechtliche Verpflichtung mit der prozessualen Möglichkeit, die Verpflichtung geltend zu machen. Die materiell-rechtliche Verpflichtung besteht schon vor dem Titel; sie ist ja sogar die Voraussetzung, ohne die der Titel gegen den Willen des Treunehmers nicht geschaffen werden darf. Im Prozeß aber kommt es nicht darauf an, ob die erhobenen Ansprüche vollstreckbar festgestellt sind. Der Prozeß dient gerade zur Geltendmachung der Ansprüche, über die noch nicht vollstreckbar entschieden ist. Das gilt nicht nur für den Klaganspruch und den Widerklaganspruch, sondern auch für jede Einrede, von der das Prozeßergebnis abhängt. Wie man mit einer Forderung, deretwegen man keine Widerklage erhoben hat, die auch nicht durch vollstreckbaren Titel belegt ist, aufrechnen kann, wenn man sie im Prozeß beweisen kann, so kann man auch die Einrede der Duldungspflicht des widersprechenden Treunehmers erheben, wenn man sie irgendwie beweisen kann.

Das Reichsgericht[261]) ist zu formalistisch mit seiner Erwägung, weil die Widerspruchsklage gegeben sei, dürfe sie auch erhoben werden. Die Erwägung, daß das Gegenteil dazu führen würde, daß ein Gläubiger unter Berufung auf BGB § 226 ohne Titel gegen den Duldungspflichtigen vollstrecken könnte, trifft nicht zu. BGB § 226 ist ohne Bedeutung für die Entscheidung der Frage. Die Vollstreckung ohne Titel gegen den Eigentümer ist nur möglich, wenn die Sache im Besitz des Titelschuldners oder im Besitz eines zur Herausgabe an den Titelschuldner bereiten Dritten vorgefunden wird. Wenn dann die Pfändung erfolgt, kann zwar der Eigentümer auf Grund seines Eigentums eine schlüssige Klage auf Ausspruch der Unzulässigkeit der Zwangsvollstreckung in diese Sache erheben, aber dem kann der Gläubiger die Einrede entgegenhalten, daß der Eigentümer die Zwangsvollstreckung dulden muß, sie also trotz seines Eigentums doch zulässig ist, und dann muß eben die Klage abgewiesen werden, wie es auch sonst vorkommen kann, daß eine Klage durch Tatsachen, die mit den Klagetatsachen nichts zu tun haben, zu Fall gebracht wird.

---

[261]) 26. 5. 08 Bd. 68 S. 426.

b. Es verstößt gegen die guten Sitten und verpflichtet deshalb zum **Schadenersatz**, wenn infolge Verheimlichung der Sicherungsübereignung aller Forderungen und Waren einschließlich der künftig zu erwerbenden unter unveränderter Fortführung der Firma dritte Kreditgeber über die Vermögenslage, insbesondere die Kreditverhältnisse des Treugebers einen falschen Eindruck erhalten oder behalten.

Zur Feststellung dieser Schadenersatzpflicht genügt, daß die Heimlichkeit so groß war, daß sogar die Angestellten des Treugebers nichts von der Sicherungsübereignung gemerkt haben und daß die Vertragsparteien in dem Bewußtsein gehandelt haben, daß gegenwärtige oder zukünftige Gläubiger durch die Verheimlichung geschädigt werden[262]). Wenn Täuschungs- und Schädigungsabsicht festgestellt wird, dann genügt das allein zur Anwendung von BGB § 826[263]).

Zum Schadenersatz verpflichtet es auch, wenn der Treunehmer die Nichtigkeit der Sicherungsübereignung kennt und trotzdem einen Dritten in den Glauben versetzt, sie sei wirksam[264]).

Man wird aber die Haftung auf den Bestand des Treuguts beschränken müssen, denn mehr hätte der Dritte auch nicht erlangt, wenn er nicht getäuscht worden wäre. Der volle Schade, der durch die Täuschung verursacht ist, ist damit gedeckt. Nicht folgen kann ich Hoeniger, der bei nichtigen Verträgen keinen Schadenersatzanspruch getäuschter Dritter annimmt[265]).

2. Gelegentlich hat der Treunehmer gegen den Gläubiger auf Grund von BGB § 823 Abs. 1 **einen Schadenersatzanspruch.**

a. Die Pfändung selbst ist nicht immer schon eine **Schädigung des Treunehmers,** weil der Treunehmer nicht immer das Recht hat, über das gepfändete Treugut jederzeit zu verfügen.

Der Schade entsteht erst, wenn der Treunehmer wegen der Pfändung irgendwelchen Aufwand macht (z. B. Klagauftrag gibt) oder ihm ein Gewinn entgeht (z. B. eine vorteilhafte Verwertungsmöglichkeit nicht ausgenutzt werden kann, und der

---

[262]) RG 24. 6. 11 Bd. 77 S. 210.
[263]) OLG Hamburg, 11. 3. 13 HansGZ 35 B. 13.
[264]) OLG Kolmar, ElsLZ 40—196.
[265]) S. 31.

Treunehmer ohne die Pfändung das Treugut verwertet haben würde). Schade ist auch der Betrag der Kosten, der durch zwischenzeitliche Aufhebung der Pfändung unbegründet gewordenen Klage[266]).

Je nach der Art des Schadens wird der Schade durch Aufhebung der Pfändung ganz oder teilweise beseitigt.

Die Schädigung für sich allein genügt nicht zur Begründung des Schadenersatzanspruchs; denn eine Gefährdungshaftung besteht für den Gläubiger auch dann nicht, wenn er trotz Verurteilung in allen Instanzen erst freigibt, wenn das letzte Urteil rechtskräftig ist. Ein abweichender Rechtssatz kann weder aus ZPO § 717 Abs. 2, noch aus BGB § 989, noch aus ZPO § 93 abgeleitet werden. Er besteht nicht und würde auch dem gesunden Rechtsgefühl in keiner Weise entsprechen[267]).

b. Zum Tatbestand von BGB § 823 Abs. 1 gehört **Widerrechtlichkeit** der Schädigung.

Der Vollstreckungstitel ist dem Schuldner gegenüber ein Rechtfertigungsgrund für die Pfändung, nicht aber dem Drittberechtigten gegenüber. Auch wenn die Pfändung des Treuguts eine Pfandverstrickung erzeugt, ist sie doch dem Treunehmer gegenüber unwirksam und unstatthaft[268]). Ganz irrig ist infolgedessen die Meinung des Kammergerichts[269]), die Voraussetzung der Widerrechtlichkeit falle mit der des Verschuldens zusammen.

Die Widerrechtlichkeit ist ausgeschlossen, wenn der Treunehmer verpflichtet ist, die Vollstreckung des Gläubigers in das Treugut zu dulden, vor allem also im Fall der Vermögensübernahme und im Fall der sittenwidrigen Schädigung des Gläubigers durch den Treunehmer.

c. Das **Tatbestandsmerkmal des Verschuldens** ist in fast allen Schadenersatzstreitigkeiten am schwierigsten festzustellen.

aa. Zugunsten des Besitzers einer Sache stellt **das Gesetz die Vermutung auf**, daß er der Eigentümer der Sache sei, BGB § 1006.

---

[266]) RG Bd. 54 S. 39.
[267]) KG JW 1929—149.
[268]) Oertmann, JW 1929—149.
[269]) JW 1929—149.

Diese Vermutung gilt nicht nur für ihn, sondern auch für seinen Gläubiger, der Befriedigung aus den Sachen seines Schuldners sucht. Die Vermutung besteht solange, bis das Gegenteil erwiesen ist. Ein Gläubiger, der einen vollstreckbaren Titel gegen seinen Schuldner besitzt, handelt in keiner Weise schuldhaft, wenn er, auf diese Vermutung gestützt, die im Besitz des Schuldners befindlichen Sachen solange als dessen Eigentum ansieht, bis ihm Beweise erbracht sind, die diese Vermutung widerlegen.

Man muß davon ausgehen, daß der Treunehmer die Beseitigung eines rechtmäßigen Staatsakts verlangt, der geeignet ist, die Durchführung der Vollstreckung zu tragen, auch wenn der Gläubiger materiell kein Pfandrecht erlangt hat, wofern der Akt nur formell ordnungsmäßig ist.

Verschuldensvoraussetzung ist, daß der Gläubiger erkennt oder aus Fahrlässigkeit verkennt, daß der Treunehmer mit Recht Aufhebung der Pfändung fordert. Zur Annahme eines Verschuldens genügt nicht, daß der Gläubiger mit dem Unterliegen im Widerspruchsprozeß rechnen muß; vielmehr wird weiter erfordert, daß er bei Anwendung der im Verkehr erforderlichen Sorgfalt durch die ihm bekannten Umstände oder durch das ihm beigebrachte Material sich vom Eigentum des Treunehmers hätte überzeugen und deshalb die Pfändung hätte aufheben müssen. Wann diese Voraussetzungen erfüllt sind, hängt von der jeweiligen Sachlage ab. Man darf in dieser Hinsicht nicht einmal allzu strenge Anforderungen an den Gläubiger stellen, da es an sich sein gutes Recht ist, in Zweifelsfällen eine Klärung durch den Prozeß zu suchen, und ihm daraus, daß er dies tut, nur selten ein Vorwurf gemacht werden kann[270]).

Verschulden des Gläubigers liegt meist vor, wenn der Treunehmer Anlaß zur Klage im Sinn des § 93 ZPO hatte. Um Wiederholungen und Bezugnahmen möglichst zu vermeiden, und die Rechtslage deutlicher darzustellen, verwende ich im folgenden deshalb auch Entscheidungen und Meinungsäußerungen, die nur zu ZPO § 93 ergangen sind, meiner Ansicht nach aber auch für die Verschuldensfrage von Bedeutung sind.

---

[270]) KG JW 1929—49.

bb. Verschulden des Gläubigers setzt gewöhnlich sachdienliche Tätigkeit **des Treunehmers** voraus.

a) Zunächst ist **eine Aufforderung** des Treunehmers, nicht nur des Treugebers[271]), an den Gläubiger zur Freigabe erforderlich.

aa) Andere **Ereignisse** oder Tatsachen sind gewöhnlich ohne Bedeutung.

Man darf dem Pfändungsgläubiger nicht zumuten, seine sichere Rechtsstellung auf einen bloßen Vermerk in der Pfändungsniederschrift oder auf eine nicht näher substanziierte Bemerkung des Treunehmers hin aufzugeben[272]). Auch der nach ZPO § 769 ergangene Einstellungsbeschluß kann ihn nicht dazu nötigen, da aus diesem gewöhnlich weder die tatsächliche Grundlage des Widerspruchs, noch die Mittel der Glaubhaftmachung ersichtlich sind; und selbst wenn dies der Fall ist, die Gründe, die dem Gericht für eine **vorläufige** Maßregel genügten, nicht entfernt auszureichen brauchen, um den Gläubiger zur **endgültigen** Aufgabe seines Rechts zu veranlassen[273]). Sie brauchen nicht einmal auszureichen, den Gläubiger zu veranlassen, von sich aus Nachforschungen anzustellen[274]).

Nur wenn dem Gläubiger das Recht des Treunehmers bekannt war, z. B. aus einer frühern erfolgreichen Widerspruchsklage[275]), und er trotzdem den Auftrag oder Antrag gerade auf den Gegenstand dieses Rechts richtete, ist Anlaß zur Klage und Verschulden des Gläubigers auch ohne Freigabeaufforderung gegeben, weil der Treunehmer nicht erwarten kann, daß ein solcher Gläubiger freiwillig zurücktreten werde. Verschulden liegt auch dann vor, wenn der Gläubiger erst bei Empfang der

---

[271]) OLG Dresden, SächsAnn 24—456 f.

[272]) Dies verlangen zur Vermeidung des Klaganlasses RG 21. 3. 02 JW 1902 S. 214; OLG Dresden, SächsAnn 26—346; Landgerichte in NaumbZt 97—11; 06—28; 08—55; 09—88; KGBl. 94—110; HGZ 18—62; DuChesne, SächsArch 13—621 f.

[273]) Stein, JW 1922 S. 1398; KG OLG 1—39; 5—38 f.; KGBl. 00—65; 03—29/30; 07—56; 10—72; HGB 30—277; OLG Frankfurt-Main, JW 23—59; abw. RG 21. 3. 02 JW 214; LG Dresden, SächsAnn 24—155; Hamburg OLG 19—75.

[274]) Abw. OLG Karlsruhe, BadRPr. 10—69.

[275]) KGBl. 97—5.

Pfändungsniederschrift erkennt, daß der Gerichtsvollzieher eine Sache gepfändet hat, die dem Treunehmer gehört.

bb) Von solchen Ausnahmen abgesehen, entscheidet nur das Verhalten des Gläubigers nach dem **Zeitpunkt**, in dem der Treunehmer ihn zur Freigabe aufgefordert hat[276]), denn das Verhalten des Gläubigers vor Kenntnis vom Widerspruch ist grundsätzlich kein Klaganlaß und auch nicht schuldhaft. Die Tatsache, daß der Gläubiger durch den Betrieb der Vollstreckung den staatlichen Eingriff in das Recht des Treunehmers und damit den Rechtsstreit (im Sinn des ursächlichen Zusammenhangs) verursacht hat, ist ohne Bedeutung; denn damit wird nur ein Streit hervorgerufen, dessen außerprozessuale Lösung erfahrungsgemäß in unzähligen Fällen leicht gelingt, ohne daß dadurch Schäden entstehen, die über die Kosten der Verhandlungen der Parteien hinausgehen. Den Versuch zu einer solchen Beilegung muß man dem Treunehmer um so eher ansinnen, als der staatliche Eingriff als solcher rechtmäßig ist, und der Treunehmer und der Gläubiger zueinander in keinem rechtlichen Verhältnis stehen, und sich tatsächlich meist fremd sind. Wird doch selbst im Vertragsverhältnis mindestens die Aufforderung (Mahnung) in aller Regel verlangt. Daraus folgt, daß alle Schlußfolgerungen aus der Rechtswidrigkeit des Eingriffs, aus der Vermutung für das Eigentum (BGB § 1006), dem guten oder schlechten Glauben des pfändenden Gläubigers oder seinem Verhalten beim Auftrag an den Gerichtsvollzieher oder dem Antrag an das Vollstreckungsgericht[277]) als abwegig ausscheiden müssen.

b) Der Treunehmer muß seinen **Eigentumsanspruch tatsächlich begründen,** also Tatsachen behaupten, aus denen sich der Eigentumsübergang auf ihn ergibt.

Dazu gehört vor allem, daß der Treunehmer dem Gläubiger den Inhalt des Übereignungsvertrags mitteilt, bei schriftlichen Verträgen durch Übergabe einer Vertragsabschrift den Abschluß-

---

[276]) Hahn, Gruchot 31—351; Meyer, ZZP 7—293; Schultze, ZZP 7—543; Staub, JW 1889 S. 359; Frommhold 277 f.; Waldstein, Gruchot 35—634 f.; abw. Voß, Gruchot 25—397 und 401 und ZivArch 71—282; Weizsäcker, WGerBl. 82—325 f.; Anonymus, KGBl. 01—69 f.

[277]) KG OLG 5—38 f.

zeitpunkt angibt und die Nämlichkeit der im Vertrag genannten mit den gepfändeten Sachen behauptet.

c) Der Treunehmer ist dem Gläubiger gegenüber zur **Glaubhaftmachung** der klagbegründenden Tatsachen verpflichtet.

aa) Ein im Gesetz zum Ausdruck gekommener Anspruch ist das nicht[278]). **Die Notwendigkeit** der Glaubhaftmachung beruht nur darauf, daß das bloße Wort des Treunehmers, der in keinem Rechtsverhältnis zum Gläubiger steht, bei objektiver Würdigung der Sachlage nicht genügt, um den Gläubiger zu streitlosem Verzicht zu nötigen[279]). Zum mindesten gilt dies, wenn der Gläubiger die Glaubhaftmachung verlangt hat[280]). Es gilt aber auch, wenn der Gläubiger ein solches Verlangen nicht gestellt hat[281]).

bb) **Gegenstand der Glaubhaftmachung** ist in erster Linie der Abschluß des Sicherungsübereignungsvertrags.

Unter Umständen kann auch eine Darlegung der Identität der Sachen erforderlich sein[282]). Klaganlaß besteht nicht, wenn das Treugut aus numerierten gleichartigen Sachen besteht, der Treunehmer aber trotz Aufforderung die Übereinstimmung der Nummern der übereigneten und der gepfändeten Sachen nicht glaubhaft macht[283]).

Der Gläubiger ist nicht verpflichtet, die Vollmacht des auffordernden Anwalts glaubhaft zu machen[284]).

cc) **Welche Mittel** ausreichend glaubhaft machen, ist im wesentlichen nach der Verkehrssitte zu beurteilen. Daß der Treunehmer alles vorlegt, was er an Material besitzt, genügt nicht, wenn es nicht objektiv ausreicht[285]). Anderseits kann der Gläubiger nicht fordern, daß die Glaubhaftmachung allen Er-

---

[278]) KG 21. 5. 28 JW 2732—7.

[279]) RG Bd. 61 S. 433; KG in OLG 1—39; Stein-Jonas, § 771 Anm. V; weitere Nachweise ebenda Note 107.

[280]) Stein-Jonas, § 771 Anm. V; Nachweise Note 108.

[281]) OLG Hamburg in HansGZ, Beiblatt 104 = Neum. Jahrb. 1926—1138.

[282]) OLG Hamburg, Rsp 23—106.

[283]) KG 7. 10. 26 JW 1927 S. 399—1.

[284]) KGBl. 1911—93; HGB 1926—96.

[285]) Abw. OLG Hamburg, Rsp 17—112 f.

forderniſſen des § 294 ZPO entſpreche, weil es ſich um ein außerprozeſſuales Verfahren handelt[286]).

Eidesſtattliche Verſicherungen des widerſprechenden Treunehmers[287]), ſeines Ehegatten[288]), anderer Angehöriger[289]) oder des Treugebers[290]) reichen gewöhnlich nicht aus. Das gilt vor allem, wenn die eidesſtattliche Verſicherung unbeſtimmt gehalten iſt[291]). Die eidesſtattliche Verſicherung des Treugebers genügt jedoch zur Glaubhaftmachung der Identität[292]). Eine eidesſtattliche Verſicherung macht immer nur darin verſicherte Tatſachen, nie das etwa darin verſicherte Eigentum glaubhaft, weil Rechtsirrtümer darüber, wer Eigentümer iſt, ſo häufig ſind, daß die wirklich vorhandene Überzeugung eines Menſchen, er oder ein anderer ſei Eigentümer, zur Glaubhaftmachung des Eigentums nicht ausreicht.

Der Treunehmer muß grundſätzlich alle zur Glaubhaftmachung erforderlichen Urkunden in Urſchrift oder beglaubigter Abſchrift vorlegen[293]). Beglaubigung durch den Rechtsanwalt reicht gewöhnlich aus[294]). Der Treunehmer darf den Gläubiger nur dann auf die Einſicht an dritter Stelle verweiſen, wenn er die Urkunden nicht vorlegen kann, ſie ſich aber in gerichtlichen Akten am Streitort befinden, ſo daß ſie ohne weiteres zugänglich ſind[295]).

d) Wenn der Treunehmer weiß, daß das Treugut einen viel höhern **Wert** hatte als vom Gerichtsvollzieher angenommen, und der Gläubiger das nicht weiß, dann haftet der Gläubiger für den Mehrwert nur, wenn der Treunehmer ihn rechtzeitig darauf aufmerkſam gemacht hat[296]).

[286]) Stein-Jonas, § 771 Anm. V; Nachweiſe Note 109.
[287]) KG 22. 5. 25 JW 1925—2340—3; Stein, JW 22—1398; Stein-Jonas, § 771 Anm. V; Nachweiſe Note 109a.
[288]) KG 22. 5. 25 JW 1925—2340—3.
[289]) KG in KGBl. 1907—56; 1910—73; 1913—24; OLG 17—114.
[290]) LG II Berlin, KGBl. 1914, 8, 72.
[291]) KG 22. 5. 25 JW 1925—2340—3.
[292]) KG in KGBl. 1903—57.
[293]) OLG München in OLG 26—388; KG in KGBl. 1903—30.
[294]) OLG Kaſſel, JW 1915 S. 294; abw. LG I Berlin, KGBl. 1915—88.
[295]) Stein-Jonas, § 771 Anm. V; Nachweiſe Note 112.
[296]) RG 8. 11. 28 JW 1929—106.

cc. Der **Gläubiger** darf die Richtigkeit der Angaben des Treunehmers prüfen.

a) Dazu ist eine gewisse **Zeit** nötig.

Nach jedem Schritt des Treunehmers (Freigabeaufforderung, Anspruchsbegründung, Glaubhaftmachung) darf der Gläubiger eine angemessene Zeit auf die Nachprüfung der Angaben des Treunehmers verwenden[297]). Wieviel Zeit er hierauf verwenden darf, bestimmt die Verkehrssitte[298]). Gewöhnlich darf der Gläubiger wenigstens eine Woche brauchen[299]). Wenn der Gläubiger am 7. März gepfändet hat, der Treunehmer am 25. März Freigabe verlangt hat, am 28. März den erforderten Vertrag vorgelegt hat, der Gläubiger am 1. 4. mit seinem Anwalt beraten hat, im Anschluß daran einen auswärtigen Anwalt um Auskunft über die Gerichtspraxis gefragt hat, dann ist eine Freigabeverzögerung über den 4. 4. hinaus kein Klaganlaß[299]). Wenn eine Bank, die am 24., 25., 26. und 27. 12. geschlossen ist, auf eine Freigabeaufforderung vom 24. 12. erst mit Schreiben vom 31. 12. antwortet, ist auch das kein Klaganlaß[300]).

Wenn der Gerichtsvollzieher am 21. 1. gepfändet hat, der Treunehmer mit Schreiben vom 27. 1. mit Vertragsabschrift Freigabe gefordert hat, der Gläubiger mit Schreiben vom 28. 1. um einige Tage Geduld gebeten hat, und mit Schreiben vom 6. 2. aufgehoben hat, und Verkaufstermin am 9. 2. anstand, hat der Gläubiger die zulässige Überlegungsfrist nicht überschritten[301]). Der Gläubiger darf sich die Sache länger als sonst überlegen, wenn auch der Treunehmer verhältnismäßig viel Zeit gebraucht hat[302]), weil der Gläubiger dann ohne Verschulden annehmen darf, daß die Sache nicht ungewöhnlich eilig ist.

b) Wenn der Gläubiger einigermaßen bedeutsamen Anhalt für die Entstehung des Eigentums des Treunehmers hat, der Treunehmer aber nicht alles erforderliche getan hat, um die Entstehung seines Eigentums glaubhaft zu machen, muß der

---

297) KG in KGBl. 1910—72; OLG Braunschweig in OLG 25—73.
298) KGBl. 1908—102; OLG Braunschweig OLG 25—73.
299) RG 7. 11. 05 Bd. 61 S. 433.
300) KG 7. 10. 26 JW 1927 S. 399 Nr. 1.
301) RG 8. 11. 28 JW 1929—106.
302) RG 7. 11. 05, Bd. 61 S 433.

Gläubiger den Treunehmer darauf aufmerksam machen und **Aufklärung** fordern. Wenn er nicht fahrlässig handeln will, muß er das Begehren des Treunehmers unter Angabe seiner Gründe beanstanden[303]), z. B. angeben, warum er der Ansicht ist, daß die ihm zur Glaubhaftmachung unterbreiteten Urkunden und andern Beweismittel nicht ausreichen.

Wenn aber der Treunehmer dem Treugeber nahe steht, und der Freigabeaufforderung nur eine eidesstattliche Versicherung beifügt, in der er versichert, er sei Eigentümer, dann ist das so unzureichend, daß der Gläubiger nicht zu antworten braucht, sondern verkaufen darf[304]).

Wenn der dem Gläubiger vorliegende Sachverhalt gegen den Freigabeanspruch des Treunehmers spricht, und der Gläubiger den Treunehmer auf die auffallenden Tatsachen hinweist, muß der Treunehmer den Gläubiger aufklären. Das gilt auch, wenn der Gläubiger sich auf eine Angabe in der Pfändungsniederschrift beruft, von der nur der Treunehmer, nicht aber der Gläubiger weiß, daß sie auf einem Versehen des Gerichtsvollziehers beruht. Klärt der Treunehmer einen solchen Irrtum nicht auf, so hat er keinen Anlaß zur Klage[305]) und der vollstreckende Gläubiger handelt schuldlos.

c) Der Gläubiger darf auch vom Treunehmer **Glaubhaftmachung** seiner Angaben fordern, also beglaubigte Abschrift des Vertrags oder Vorlegung der Urschrift, Nachweis des Errichtungstags (Zeugnis des Finanzamts über den Tag der Verstempelung, wenn die Urkunde keine öffentliche ist und deshalb den Tag der Errichtung nicht beweist) und Glaubhaftmachung der Nämlichkeit.

d) Wenn der Gläubiger erkennt, daß der Widerspruch des Treunehmers berechtigt ist, oder wenn er die Angaben des Treunehmers weder mit der gebotenen Beschleunigung prüft, noch die angebotene Glaubhaftmachung auch nur einfordert, oder die Nachforschung oder die Art der Glaubhaftmachung keinen Anlaß

---

303) Stein, JW 1922—1398. Prozeßrichter Berlins JW 24—770 gegen KG JW 22—1397.

304) OLG Stuttgart 10. 5. 28 HRR 1929 Nr. 95.

305) LG III Berlin, JW 1928 S. 1886.

zu Mißtrauen in die Wirksamkeit der Übereignung gibt, und der Gläubiger trotzdem nicht **freigibt**, wird sein Verhalten gewöhnlich schuldhaft sein. Auch dann aber kann Verschulden ausgeschlossen sein, z. B. wenn er der Ansicht sein darf, daß er trotz Wirksamkeit der Übereignung vollstrecken darf, weil er vielleicht einwenden kann, die Eigentumsübertragung sei nur zum Schein oder in der dem Treunehmer bekannten Absicht der Gläubigerbenachteiligung erfolgt[306]) oder weil er vom Treunehmer Duldung der Zwangsvollstreckung fordern kann.

Erkennt der Gläubiger das Eigentum des Treunehmers oder verkennt er es aus Fahrlässigkeit, so muß er die Pfändung aufheben lassen. Die Aufhebung erfolgt durch den Gerichtsvollzieher[307]), nicht schon durch Erklärung des Gläubigers[308]); denn nur der Gerichtsvollzieher kann das auf Ausübung eines staatlichen Hoheitsrechts beruhende Verfügungsverbot beseitigen.

Zur Freigabe genügt also die Benachrichtigung des Gerichtsvollziehers mit dem Auftrag, den Treugeber und den Treunehmer zu benachrichtigen; denn damit hat der Gläubiger alles getan, was er seinerseits tun kann[309]). Ebenso genügt die Benachrichtigung des Treunehmers[310]) oder des Treugebers[311]). Hat der Gläubiger die Freigabenachricht an den Gerichtsvollzieher durch die Post abgeschickt, und davon dem Treunehmer und dessen Anwalt Nachricht gegeben, so haftet er nicht dafür, daß die nicht eingeschriebene Sendung auf der Post verloren gegangen ist. Er hat auch nicht die Pflicht zur Nachforschung, ob der Brief rechtzeitig angekommen ist, wenn er ihn drei Tage vor dem Verkaufstermin zur Post gegeben hat[312]). Der Treunehmer braucht keine Erkundigung darüber anzustellen, ob der Gläubiger die Pfändung aufgehoben hat[313]).

---

[306]) KG JW 29—149.
[307]) OLG Kiel, 18. 3. 97, SeuffA 52 Nr. 275.
[308]) Abw. Schäfer, SeuffBl. 69—374.
[309]) OLG Dresden OLG 1915 Nr. 278; KG KGBl. 1908—102; Schäfer, BlfRA 69—373; Stein-Jonas, § 771 Anm. V; abw. die 10. bis 11. Auflage und KG KGBl. 93—42.
[310]) LG Leipzig JJP 38—246.
[311]) OLG Dresden OLG 15—278.
[312]) RG 8. 11. 28 JW 1929—106.
[313]) LG I Berlin KGBl. 90—9.

IV. Widerspruchsklage auf Grund Sicherungsübereignung

Der Interventionsprozeß wirft ungewöhnlich viele prozeßrechtliche Zweifelsfragen auf.

A. **Zuständig** zur Entscheidung über den Eigentumsanspruch des Treunehmers ist das ordentliche Gericht.

Das gilt auch, wenn die Pfändung vom Steuergläubiger ausgebracht ist (RAO § 301 = Danziger Steuergrundgesetz § 259).

Die örtliche Zuständigkeit des Gerichts bestimmt sich nach dem Ort, an dem die Zwangsvollstreckung erfolgt ist (ZPO § 77 Abs. 1). Das ist das Gericht, in dessen Bezirk die Pfändung erfolgt ist. Wenn der Treugeber nach der Pfändung seinen Wohnsitz verlegt und das Treugut mitnimmt, und der Gläubiger dann erst die Klage erhebt, muß er trotzdem beim Gericht des Pfändungsbezirks klagen[314]).

Die Vorschrift gilt nur, solange die Zwangsvollstreckung noch nicht beendigt ist[315]). Die Beendigung tritt noch nicht durch Hinterlegung des Versteigerungserlöses, sondern erst durch Befriedigung des Gläubigers ein[316]). Solange die Klage zulässig ist, schließt sie jede andere Klage mit dem gleichen Ziel aus[317]).

B. Es besteht nicht einmal Einigkeit darüber, wer **Partei** im Interventionsprozeß sein kann.

1. Umstritten ist, wer als **Kläger** auftreten kann.

Nach dem Wortlaut des Gesetzes steht die Klage nur einem Dritten zu. Darunter versteht man jeden, der nicht Gläubiger und nicht Schuldner ist[318]). Die Intervention durch den Treugeber ist daher unzulässig[319]). Das gilt jedoch nur im Regelfall; denn Schuldner im Sinn von ZPO § 771 ist nicht jeder, der verurteilt ist, sondern nur der, gegen den vollstreckt ist[320]).

---

[314]) RG Bd. 35 S. 405.
[315]) RG Bd. 41 S. 394.
[316]) RG Bd. 67 S. 311.
[317]) RG Bd. 67 S. 312.
[318]) Förster-Kann, ZPO § 771 Anm. 2a.
[319]) Stein-Jonas, ZPO § 771 Anm. II 1a.
[320]) RG Bd. 30 S. 386.

Das Oberlandesgericht Breslau hält auch den Vollstreckungsschuldner für interventionsbefugt[321]). Sternberg begründet diese Meinung in der Note zu dieser Entscheidung damit, daß unbestritten auch andere Treugeber intervenieren können, und der Treugeber, der zur Sicherheit übereignet hat, über das Treugut größere Macht hat als andere Treugeber, da er ja gegen Befriedigung des Treunehmers jederzeit das Eigentum wiedererlangen kann. Ich halte diese Erwägung für abwegig, weil andere Treugeber im eignen wirtschaftlichen Interesse die Widerspruchsbefugnis haben müssen, während das wirtschaftliche Bedürfnis bei der Sicherungsübereignung zwar den Schutz des Treunehmers erfordern kann, niemals aber den des Treugebers, der ja mit seinem ganzen Vermögen der Zwangsvollstreckung unterliegt, der er ein einzelnes Vermögensstück unter Berufung auf das Recht eines Dritten entziehen will, während er es der Zwangsvollstreckung keinesfalls entziehen könnte, wenn es sein unbeschränktes Eigentum wäre.

2. Richtiger **Beklagter** ist der die Zwangsversteigerung betreibende Gläubiger. Mehrere Gläubiger können als Streitgenossen verklagt werden.

Förster-Kann[322]) meint, sie seien notwendige Streitgenossen. Diese Ansicht teile ich nicht, weil es möglich ist, daß gegen einzelne Gläubiger der Eigentumsbeweis erbracht wird, andere sich aber wehren, und so nur ein Teil der Zwangsvollstreckungsversuche zurückgeschlagen wird, das auch in der Praxis zu keinerlei Schwierigkeiten führt.

C. Nur selten findet man eine schlüssige Klagbegründung (ZPO § 253 Abs. 2 Ziffer 2).

Zur Klagbegründung gehört die Anführung von tatsächlichen Behauptungen, die alle Tatbestandsmerkmale der Sicherungsübereignung enthalten. Der Treunehmer muß Aufklärung über die Entstehung der gesicherten Forderung nach Zeit, Betrag und Rechtsgrund geben, vor allem die kaufmännischen Unterlagen (Geschäftsbriefe, Kontoauszüge) vorlegen und Art und Form der Sicherungsübereignung (Übergabe oder Übergabeersatz) darstellen, vor allem Abschrift des Übereignungsvertrags mitteilen.

[321]) JW 1926—849.
[322]) ZPO § 771 Anm. 2b.

Je näher nach den in Betracht kommenden Daten und wirtschaftlichen Verhältnissen die Annahme liegt, daß der behauptete Rechtserwerb des Treunehmers dem Schutz des Treugebers gegen den Zugriff seiner Gläubiger gedient hat und je mehr die Umstände geeignet erscheinen, eine für das Eigentum des Treugebers streitende Vermutung aus BGB §§ 1006 und 1362 zu verstärken, um so schärfer sind naturgemäß die Anforderungen an die Schlüssigkeit der Darlegung anzuspannen[322a]).

Der Klageantrag geht nicht auf Freigabe, sondern auf Feststellung der Unzulässigkeit der Zwangsvollstreckung; denn der Pfändungsgläubiger ist nicht leistungspflichtig[323]).

D. **Die Beweislast** trifft den Treunehmer.

Die Vermutung spricht zunächst gegen sein Eigentum, denn er ist nicht unmittelbarer Besitzer und war es auch früher nicht (BGB § 1006).

E. **Das Urteil.**

1. **In der Hauptsache** erklärt das Urteil entweder die Zwangsvollstreckung für unzulässig oder weist die Klage ab.

Betreiben mehrere Gläubiger auf Grund verschiedener Titel die Vollstreckung, so wirkt das zwischen einem von ihnen und dem Treunehmer ergangene Urteil nicht im Verhältnis zwischen den übrigen Gläubigern und dem Treunehmer.

Wird die Klage nur deshalb abgewiesen, weil der Pfändungsgläubiger auf Grund eines vorläufig vollstreckbaren Titels erfolgreich angefochten hat, so muß in entsprechender Anwendung von § 10 des Anfechtungsgesetzes ausgesprochen werden, daß das Urteil nur vollstreckt (die eingestellte Zwangsvollstreckung fortgesetzt) werden darf, wenn das Urteil, auf Grund dessen angefochten ist, rechtskräftig geworden ist[324]).

2. **Wegen der Kostenentscheidung** wird häufig darüber gestritten, ob der Beklagte durch sein Verhalten Klaganlaß gegeben hat, und ob er sofort anerkannt hat; denn nur wenn er keinen Klaganlaß gegeben und sofort anerkannt hat, trägt der Treunehmer die Kosten auch im Fall des Obsiegens (ZPO § 93).

[322a]) Scholtz, JW 29, 565 mit näherer Ausführung.
[323]) RG 3. 11. 08 Bd. 70 S. 27.
[324]) RG 14. 10. 19 Bd. 96 S. 339.

Die Reihenfolge, in der die Voraussetzungen von ZPO § 93 geprüft werden, ist gleichgültig[325]). Man darf aber nicht vergessen, daß man in jedem Fall beide Voraussetzungen feststellen muß, wenn man dem Sieger die Kosten auferlegen will.

a. Für die Entscheidung der **Frage, ob Klaganlaß bestand**, kommt es allein darauf an, ob der Gläubiger sich so benommen hat, daß der Treunehmer vernünftigerweise glauben mußte, er werde nur mit Hilfe des Gerichts zu seinem Ziel kommen.

aa. Diese Frage ist grundsätzlich **objektiv** zu entscheiden[326]). Verschulden als solches spielt dabei keine Rolle[327]). Indes besteht bei schuldhaftem Verhalten des Gläubigers für den Treunehmer meist Klaganlaß, bei schuldlosem Verhalten nicht. Wenn aber der Treunehmer außerstande ist, dem Gläubiger seinen Eigentumsanspruch glaubhaft zu machen, und der Gläubiger deshalb nicht aufhebt, so hat der Treunehmer Klaganlaß, obwohl der Gläubiger schuldlos handelt.

Erfolgt die Freigabe schon vor Klagzustellung, so ist die Klage unbegründet.

Unterläßt der Gläubiger jede Nachricht von der Freigabe, so muß er die Kosten tragen[328]).

Erfolgt die Freigabe erst nach Klagzustellung, so bleibt der einmal gegebene Klaganlaß bestehen, auch wenn der Gläubiger den Gerichtsvollzieher anweist, die Pfändung aufzuheben, bis der Gläubiger den Treunehmer davon benachrichtigt[329]). Eine Freigabeerklärung im Termin erledigt die Hauptsache nicht[330]), da die Aufhebung der Pfändung nur durch den Gerichtsvollzieher, nicht aber durch die Partei erfolgen kann. Sie beseitigt aber gewöhnlich den Klaganlaß, weil sie die Hoffnung begründet, daß der Gläubiger den Gerichtsvollzieher anweisen werde, die Pfändung aufzuheben.

---

[325]) Abw. von Scanzoni, JW 1928—1872.

[326]) Metzges, Gruchot, 25—621 f.; Cohn, DJZ 05—308; abw. Weißler, DJZ 04—635.

[327]) OLG Celle Rsp. 3.319; KG Rsp. 6—386; OLG Hamburg, HGZ 45—235; Metzges, Gruchot 50—621; abw. OLG Dresden, Sächs. Annalen 22—282; zum Teil auch KG KGBl. 02—24.

[328]) KG KGBl. 93—42.

[329]) Stein-Jonas, § 771, Anm. V; Nachweise ebenda Note 115.

[330]) Plonski, KGBl. 14—14.

Bleibt der Gläubiger untätig, so darf der Treunehmer daraus entnehmen, daß der Gläubiger die Pfändung nicht ohne Klage aufheben will[331]).

bb. Die Beweislast für das Fehlen des Klaganlasses trifft den Gläubiger[332]).

b. Auch wenn der Treunehmer ohne Anlaß klagt, trägt der unterliegende Gläubiger die Kosten des Rechtsstreits, wenn **er nicht sofort anerkennt.** Streitig ist der Zeitpunkt, in dem das zum letztenmal möglich ist.

aa. Solange die Klage nicht in allen Teilen in **Ordnung** ist, kann der Gläubiger sich auf die Frage, ob er anerkenne oder Abweisung beantrage, ausschweigen, darum auch Abweisung beantragen, ohne sich die Möglichkeit zu nehmen, nach Behebung der Mängel anzuerkennen und dadurch der Kostenlast zu entgehen[333]), weil solange ein Versäumnisurteil nicht ergehen kann.

Das gilt vor allem, solange eine schlüssige Klagbegründung nicht vorliegt. Wenn der Treunehmer keine schlüssige Klagbegründung liefert, diese vielmehr erst vom Gericht in der Beweisaufnahme durch Vernehmung des Treugebers ermittelt wird, kann der Gläubiger noch nach der Beweisaufnahme „sofort" anerkennen[334]).

bb. Diese Auslegung des § 93 ZPO darf aber nicht dazu führen, das Wagnis des Rechtsstreits allein dem Treunehmer aufzuerlegen[334a]). Sobald aber **eine schlüssige Klage** vorliegt, muß der Gläubiger im ersten Termin, in dem es zur Verhandlung über die Hauptsache kommt[335]), ohne vorgängiges Bestreiten[336]) anerkennen[337]).

---

[331]) OLG Hamburg OLG 31—98.

[332]) Stein-Jonas, § 93, Anm. III 1.

[333]) OLG München OLG 23—107; KG JW 22—1397; KGBl. 26—50; KG JW 29—118—2; OLG Kiel, JW 26—268.

[334]) Heinsheimer, JW 28—2732; Scholtz, JW 29—565; KG JW 29—118—2.

[334a]) KG JW 29—118—2.

[335]) Stein-Jonas, ZPO § 93, Note 11.

[336]) Ebenda Note 12.

[337]) Herrschende Meinung; Nachweise bei Fraustädter, Die Kostenlast in Interventionsprozessen, S. 6 unter b; OLG Kiel, 13. 6. 25 JW 1926—268; OLG Breslau 10. 7. 28 JW 2733—10.

Vorgängige Vertagung auf Grund eines Vertagungsrechts und Verweisung an das zuständige Gericht hindern das spätere „sofortige“ Anerkenntnis nicht[338]).

Hat der Gläubiger einmal Abweisung der schlüssig begründeten Klage beantragt, so ist dadurch die Anwendung von ZPO § 93 bei einem späteren Anerkenntnis ausgeschlossen[339]).

Namentlich wenn der Beklagte den Anspruch bestreitet, so nimmt er damit die Gefahr der Kostenlast auf sich[340]).

Erst recht ist nach der Beweisaufnahme (vom Fall der bis dahin unschlüssigen Klage abgesehen) ein „sofortiges“ Anerkenntnis nicht mehr möglich[341]).

cc. Diese **Rechtslage** ergibt sich daraus, daß für die Widerspruchsklage kein Sonderrecht gilt[342]), die Glaubhaftmachung in der Zivilprozeßordnung nirgends zur Bedingung des Rechtsschutzes gemacht ist[343]), und die Entscheidung darüber, ob ein Anerkenntnis ein sofortiges im Sinn des § 93 ZPO ist, nicht davon abhängt, ob der Beklagte ohne Verschulden früher anerkennen konnte[344]).

dd. Man begründet **die entgegengesetzte Ansicht** mit den Bedürfnissen des ordentlichen Rechtsverkehrs und des Rechtsschutzes im geschäftlichen Leben. Man fürchtet, wenn die hier vertretene Auffassung richtig wäre, so würde der Treunehmer sich bald damit begnügen, den pfändenden Gläubiger unter der Behauptung, die Pfandstücke seien sein Eigentum, zur Freigabe aufzufordern, da er ja den Rechtsstreit ohne Gefahr führen könne[345]). Diese

---

[338]) OLG Karlsruhe in Sörgel, 1926—285.

[339]) KG 10. 11. 26 JW 1928 S. 1313.

[340]) OLG Kiel 13. 6. 25 JW 1926—268.

[341]) OLG Kiel 13. 6. 25 JW 26—268; LG III Berlin JW 1928—1886—5; Kleinfeller, JW 23—58; Schulze, JW 28 S. 1872; abw. KG 22. 5. 25 JW 1925 S. 2340—3; 7. 10. 26 JW 27—399—1; 21. 5. 28 JW 2732—7; LG III Berlin JW 28—1886; Groß-Berliner Prozeßrichter KGBl. 1921—55; Fraustädter, Die Kostenlast in Interventionsprozessen S. 35 mit Nachweisen auf S. 7.

[342]) Stein-Jonas, § 93 Note 12a, § 771 Anm. V.

[343]) Kleinfeller, JW 1923 S. 58 m. N.; OLG Kiel 13. 6. 25 JW 1926—268; OLG Stuttgart 12. 7. 28 JW 2737.

[344]) OLG Kiel 13. 6. 25 JW 1926—268.

[345]) Zuletzt Joachimczyk, JW 1928—1886.

Gründe überzeugen nicht. Oft freilich muß der verklagte Gläubiger, wenn er keine Kosten tragen will, sich nach Kenntnis der klagbegründenden Behauptungen entschließen, ob er anerkennen oder die Kosten riskieren soll, obwohl er vielleicht keinerlei Anhaltspunkte dafür hat, ob die Klagbehauptungen wahr oder unwahr sind. Aber das kommt in vielen andersartigen Streitlagen auch vor. Irrig ist, daß die hier vertretene Lehre dem Treunehmer einen gefahrlosen Rechtsstreit ermöglicht. Der Treunehmer muß immer damit rechnen, daß der Kläger sich vom Eigentum des Treunehmers selbständig überzeugt, oder daß er die Kostengefahr nicht laufen will, und es so doch zum sofortigen Anerkenntnis auf Kosten des Treunehmers kommt. Manchmal ist der Treunehmer auch zur Glaubhaftmachung außerstande, z. B. wenn er den Beweis nur durch Zeugen führen kann, die nicht bereit sind, eidesstattliche Versicherungen abzugeben. Schließlich sind die meisten Treunehmer nicht so prozeßwütig, daß sie jeden Prozeß führen, den sie voraussichtlich gewinnen werden, sondern die Praxis zeigt, daß auch die Treunehmer gewöhnlich zuerst den Versuch machen, ihr Recht außergerichtlich durchzusetzen.

c. Andere Umstände als der Ausgang des Rechtsstreits, der Klaganlaß und das sofortige Anerkenntnis sind für die Kostenentscheidung ohne unmittelbare Bedeutung. Mittelbare Bedeutung hat jeder Umstand, der für diese drei Umstände bedeutsam ist.

Das **Verhalten des Treunehmers** hat für die Kostenentscheidung keine unmittelbare Bedeutung. Zu Unrecht macht deshalb das Kammergericht die Entscheidung des Rechtsstreits davon abhängig, ob der Treunehmer mit seinen Behauptungen über den Eigentumserwerb gewechselt hat, und ob er unterlassen hat, Beweise anzutreten, oder ob er von vornherein bestimmte Tatsachen behauptet und unter Beweis gestellt hat[346]). Diese Tatsachen können nur von Bedeutung für die Entscheidung der Frage sein, ob der Gläubiger Klaganlaß hatte und ob er sofort anerkannt hat, sind daher für die Kostenentscheidung nur bedeutsam, soweit es auf diese beiden Umstände ankommt und diese dadurch beeinflußt sind.

---

[346]) KG 21. 5. 28 JW 2732.

Kolibri 360 GmbH
Ferdinand-Jühlke-Straße 7
99095 Erfurt, Deutschland
produktsicherheit@kolibri360.de